Poly Henrion, Edouard Plouvier

Bethorte Jugend

Modernes Sittengemälde in 3 Akten

Poly Henrion, Edouard Plouvier

Bethorte Jugend

Modernes Sittengemälde in 3 Akten

ISBN/EAN: 9783743439504

Hergestellt in Europa, USA, Kanada, Australien, Japan

Cover: Foto ©Thomas Meinert / pixelio.de

Manufactured and distributed by brebook publishing software (www.brebook.com)

Poly Henrion, Edouard Plouvier

Bethörte Jugend

Bethörte Jugend.

Modernes Sittengemälde in 3 Akten

(mit freier Benützung eines Stoffes von E. Plouvier).

Von

L. R. von Kohlenegg (Poly Henrion).

Der Verfasser behält sich und seinen Erben oder Rechtsnachfolgern das ausschließliche Recht vor, die Erlaubniß zur öffentlichen Aufführung zu ertheilen.

L. R. von Kohlenegg.

Wien, 1865.

Druck von Waldheim & Förster.

Personen:

Baron von Walden.
Hector, sein Sohn.
Bernold, Advokat.
Julie, dessen Frau.
Jeanne, deren Tochter.
Frau von Seldern, Juliens Großmutter.
Banquier Stettenheim.
Paul.
Louise Winter, Klavierlehrerin.
Babette, deren Magd.
Anselm, Diener des Barons.
    Gäste.

Ort der Handlung: eine große deutsche Residenz; Zeit: die Gegenwart.

(Rechts und links vom Schauspieler.)

Erster Akt.

Salon bei Bernold mit Mittel- und Seitenthüren. Links erste Coulisse ein Kamin mit Uhr, Vasen u. dgl. Vor demselben Sopha und Fauteuils; rechts vorne ein Piano, bei demselben ein Blumentisch vor dem Fenster. In der Mitte der Bühne ein runder Tisch mit Stühlen. Es ist Abends, die Bühne durch Lampen und Armleuchter an passenden Stellen hell erleuchtet. — In beiden Ecken des Hintergrundes Tische.

Erste Szene.
Jeanne, Hector.

(Beim Aufziehen des Vorhanges ist Jeanne beschäftigt, den Kaffeetisch in der Mitte der Bühne zu decken, das Nöthige holt sie von den Tischen im Hintergrunde, Hector tritt von links auf.)

Hector.
Wollen Sie mir erlauben, Ihnen zu helfen, Fräulein?
Jeanne.
Das wollte der junge Baron Walden besorgen?
Hector.
Thun Sie es doch auch.
Jeanne (ihn anblickend).
Herr Baron!
Hector.
Fräulein Jeanne?
Jeanne.
Ich bin gewiß ein recht wohlerzogenes Mädchen — aber wenn man 16 Jahre alt ist, weiß selbst das wohlerzogenste, daß . . . man uns den Hof machen kann. Das Ganze ist mir zwar noch etwas unerklärlich — — —

Hector (mit Humor).
Aber es ist doch so von der Vorsehung eingerichtet wor=

den, damit die Mädchen bei Zeiten erfahren mögen, daß sie als Frauen den Männern nicht trauen sollen.

Jeanne (graziös).

Ei, ich glaube die Vorsehung muß doch mitunter Ausnahmen machen, und wenn ich mich also nicht irre, so —

Hector.

Mache ich Ihnen ein wenig den Hof, ganz richtig —

Jeanne.

Ah! — Schön! — Aber weßhalb?

Hector.

Weßhalb? Sie sind jung, schön, liebenswürdig, reich — und Sie fragen noch weßhalb?

Jeanne (vorkommend).

Gewiß! — Sie sind der Sohn des Barons von Walden, meines hochgebornen Herrn Pathen, — ich bin die Tochter des Herrn Bernold — bürgerlichen Advokaten.

Hector (nicht ohne Bitterkeit).

Mein Fräulein, ihr Vater ist reich —

Jeanne (einfallend).

Und der Ihrige ohne Vermögen! Ja, Papa sprach oft mit Betrübniß darüber — aber da seh' ich noch immer nicht ein, weßhalb Sie mir den Hof machen müssen? Folgen Sie mir, kehren Sie nach dem Speisesaal zurück — man könnte Ihre Abwesenheit bemerken.

Hector.

Und wird sich darüber trösten! — Da drinnen sind nur reiche Leute — drei oder vier Millionäre, die erfreut der Anblick eines zu Grunde gerichteten jungen Mannes nicht!

Jeanne.

Herr von Walden!

Hector.

Mein lieber, guter Vater ist zwar auch unter ihnen, aber Ihre Mutter weist ihm immer den Ehrenplatz neben sich an, läßt ihn plaudern so lange er Lust hat und so fühlt er sich ganz zufrieden, während für mich das Vernünftigste ist, Ihnen zu sagen, daß Sie anbetungswürdig sind, und daß Ihr einstiger Gatte der glücklichste Mensch auf der Welt sein wird.

Jeanne.

Und das nennen Sie: mir den Hof machen? Komisch! —

(Lächelnd.) Arme, kleine Mädchenträume, ihr werdet den Schlaf des Herrn Baron Hector wohl nie stören und trüben.

H e c t o r (bitter).

Nicht wahr! Liebe, Glück — was weiß ich davon?! — Ich würde nie den rechten Ton treffen, um einem jungen, liebenswürdigen Mädchen, wie Sie es sind, sagen zu können (mit abgewandtem Gesicht wie zu einem Andern sprechend, sehr innig) mein Fräulein, vertrauen Sie mir! Ich liebe Sie mit aller Heiligkeit einer ersten, einer einzigen Liebe!

J e a n n e (bei Seite).

Ah! Verstehe! (laut) Herr Hector, Sie sagen das recht hübsch: „mein Fräulein, vertrauen Sie mir," aber —

H e c t o r.

Aber —?

J e a n n e (schelmisch).

Mir können Sie es nicht sagen!

Zweite Szene.

Vorige. P a u l (von links).

P a u l.

Hector, dein Vater wünscht dich zu sprechen.

H e c t o r (beide beobachtend).

Ist das auch wahr?

P a u l (lächelnd).

Soll ich einen Eid schwören? (Er geht mit Hector rechts in den Vordergrund, während Jeanne den Tisch deckt und nach links ab- und zugeht.) Du warst übel aufgelegt bei Tische und wir waren doch Alle so heiter.

H e c t o r.

Ach, Du liebst diese Menschen!

P a u l.

Unter diesen Menschen war erstens Dein Vater, den ich verehre und hochschätze; Herr Bernold, dem mein Herz mit unauslöschlicher Dankbarkeit zugethan ist, der mich arme Waise mit väterlicher Freundschaft in seinem Hause aufnahm, ferner seine liebenswürdige Frau —

H e c t o r (beobachtend).

Seine reizende Tochter? —

Paul.

Auch — (ausweichend) und dann Mama Selbern, die Urgroßmutter Jeanne's, eine Greisin, die aber jünger ist an Kopf und Herz als die ganze übrige Gesellschaft, und deren Eigenheiten und Fehler als originelle 70jährige Tugenden erscheinen.

Hector.

Kurz Du liebst die ganze Welt! Auch Herrn Stettenheim? (Er setzt sich an's Piano.)

Paul.

Nein — Gott bewahre — diese Fleisch gewordene Million ist mir unausstehlich! (Ernster.) Aber kommen wir wieder auf Dich zurück — Du wirst ja heute trauriger als je. (Leise, nachdem er sich überzeugt hat, daß sie allein sind.) Hast Du einen kleinen Verlust im Spiel gehabt? — Du weißt — meine Börse ist die Deine, wenn Du —

Hector (aufstehend).

Nicht weiter, ich danke dir! Als ich das erste Mal der Versuchung des Spieles unterlag, war ich ein unerfahrener Thor, jetzt, da ich die Gefahr kenne, wäre es erbärmlich, wollte ich derselben nicht ausweichen! Nein, mein Freund, du sollst nicht mehr nöthig haben, Spielschulden für mich zu bezahlen! (Er setzt sich auf's Sopha links.)

Paul.

Hector! Du weichst mir aus, Du verheimlichst mir etwas, vielleicht — (bei Seite) ich habe nicht den Muth, ihn zu fragen, ob er Jeanne liebt, (laut) hast du nicht mehr Zutrauen in meine Freundschaft?

Hector.

Bah! — Freundschaft gibt es nur unter Gleichgestellten!

Paul (weniger leicht).

Oho, Herr Baron, ich kenne zwar leider meine Eltern nicht, aber wer weiß, ob nicht auch blaues Blut in meinen Adern rollt!

Hector (aufstehend, vorwurfsvoll).

Paul! (traurig.) Zwischen Dir und mir ist ein großer Unterschied — Du bist reich und ich bin arm! Dir wird das Leben leicht, die Pfade, die Du wandelst, bestreut das Glück mit duftigen Blumen, während ich —

Paul.

Wie ungerecht! (Mit tiefer Wehmuth.) Du haft Deine Mutter gekannt, Hector, haft an ihrem Sterbebette ihren letzten Segen empfangen, Dein Vater lebt und ist glücklich in Deiner Liebe — (Reicht ihm die Hand.) Du hast in mir einen ehrlichen, treuen Jugendfreund gefunden.

Hector (gerührt).

Paul!

Paul.

Ah! Du läßt die kleinen Dienste, die ich Dir erwiesen, mich schwer fühlen! Rasch, dein Vater wartet auf Dich, eile zu ihm und gib ihm einen herzhaften Kuß, damit er nicht ahne, daß sein Sohn sich unglücklicher fühlt als ein armes verlassenes Waisenkind!

Hector (ihm die Hand drückend).

Ich bin ein undankbarer Melancholiker, vergib mir!

Paul.

Mein alter Freund!

Hector (etwas wild).

Sieh, ich möchte Soldat werden!

Paul.

Das verbiete ich Dir — (herzlich) ich müßte ja sonst auch mit Dir ziehen und — (bemerkt die eben wieder eintretende Jeanne) ich möchte nicht fort von hier!

(Hector links ab.)

Dritte Szene.

Paul, Jeanne.

Paul.

Darf ich Ihnen helfen, Jeanne?

Jeanne (ist an den Blumentisch getreten).

Gerne! Ach! wie die Blumen rasch welken! (Pflückt eine Blume und gibt sie Paul.) Werfen Sie das weg.

Paul (die Blume in's Knopfloch steckend).

Oh nein!

Jeanne (immer mit den Blumen beschäftigt).

Ihr Freund ist ja heute recht trübselig gestimmt?

Paul.

Ja, ich machte eben dieselbe Bemerkung — aber ich weiß nicht, weshalb.

Jeanne.

Ich kenne den Grund! Werfen Sie das auch weg! — (Gibt ihm wieder eine Blume.)

Paul (küßt die Blume und steckt sie in die Brusttasche). Also hat Hector Ihnen vertraut? —

Jeanne.

Nichts! —

Paul.

Und Sie wissen — —

Jeanne.

Alles!

Paul (einschmeichelnd).

Nun, dann sagen Sie mir die Hälfte!

Jeanne (lächelnd.)

Was schenken Sie mir dafür?

Paul (verliebt).

Was ich zu verschenken hatte, gehört schon Ihnen! —

Jeanne (erschrocken, leicht aufschreiend).

Ah! —

Paul.

Jeanne! —

Jeanne.

Ach nichts — ich habe mich nur gestochen — (Ihre Verlegenheit bemeisternd.) Nun — dann will ich großmüthig sein und Ihnen das Geheimniß u m s o n s t verrathen. Baron Hector ist verliebt — — —

Paul (unruhig).

Und wissen Sie auch, ob er wieder geliebt wird?

Jeanne.

Ganz gewiß weiß ich's zwar nicht — aber ich glaube fast!

Paul.

Dann müßte er ja aber g l ü c k l i c h sein!

Jeanne.

Nein, denn seine Armuth trennt ihn von der Geliebten — das habe ich nämlich schon errathen, so jung ich auch bin.

Paul (bei Seite).

Sollte sie es wirklich sein?! — (Laut.) Sie sind eine Hellseherin — Jeanne, also brauche ich es Ihnen nicht zu verschweigen, daß auch i ch leide — vielleicht mehr als Hector — denn ich weiß n i ch t, ob ich geliebt werde — und kurz — seit einiger Zeit f ü r ch t e ich — —

Jeanne (mit den Blumen beschäftigt, ihm den Rücken drehend).

Ach Sie — Sie sind eben gar kein Hellseher! — Was sollten Sie zu fürchten haben — Sie — — — (Gibt ihm eine weiße Rose.) Werfen Sie das auch weg! —

Paul (freudig erregt).

Aber — das ist ja eine kaum aufgeblühte schöne Rose — (blickt auf die Rose) doch was seh' ich — Blut?

Jeanne.

Ja — diesmal habe ich mich wirklich gestochen!

Paul.

Jeanne! — (Er nimmt ihre Hand und trocknet das Blut mit seinem Taschentuche; Jeanne läßt ihn lächelnd gewähren.)

Vierte Szene.

Vorige. Frau v. Seldern.

Frau v. Seldern (70 Jahre alt, weißes Haar, aber sonst lebhaft, noch ganz kräftig und immer entschieden, die Haltung nicht gebückt, sondern fast jugendlich, ebenso die Bewegungen sehr rüstig. — — Sie trägt eine silberne Kaffeekanne, welche sie auf den runden Tisch stellt und kommt dann triumphirend vor).

Ich habe sämmtliche Dienstleute fortgejagt!

Jeanne.

Wie?

Fr. v. Seldern.

Die Luft ist rein — jetzt werden wir Ruhe im Hause haben.

Jeanne.

Aber Urgroßmama, so spät am Abend — und noch dazu, wo wir Gäste haben!

Fr. v. Seldern.

Wir werden uns selbst bedienen; — wenn nur der Kaffee stark ist, das Andere gibt sich schon. — Morgen will ich mich nach neuen, sogenannten Sklaven, die aber eigentlich stets die Tyrannen der Herrschaft sind, umsehen, und bis dahin wirst Du mir helfen, das Hauswesen besorgen und in Ordnung halten; — denn wenn ich mich auf Deine Mutter verlassen wollte — (achselzuckend) die hat Migraine! (Zu Paul.) Die hat immer Migraine! — (Zu Jeanne.) Ach, da liegt eine Stecknadel, — hebe sie mal auf, mein Herzchen — danke! — Aber was seh' ich? — Du blutest ja?

Paul.

Fräulein Jeanne hat sich verwundet — dort an den Dornen.

Fr. v. Selbern.

Ah?! — Das kommt von den dummen Blumen. —

Jeanne (lächelnd).

Es ist nicht so arg — deshalb kann ich die Hauswirthschaft doch besorgen! —

Fr. v. Selbern.

Ja? — Ich wollte Dich auch um Zucker in die Speisekammer schicken — (sieht nach dem Tische) doch, es ist genug hier; — die Leute haben ohnedies die noble Angewohnheit, ihre Tassen immer bis an den Rand mit Zucker zu füllen, der dann als Satz auf dem Boden bleibt! Ebenso lächerlich als — theuer! — (Kommt wieder vor und betrachtet Beide schelmisch.) Also verwundet — dort? (Deutet auf den Blumentisch.) Ich hatte einige Zeit den Glauben — (deutet auf's Herz) hier wäre auch so eine kleine Blessur vorgefallen! — Das kenn' ich aus meiner Jugendzeit! — He?

Jeanne (verlegen).

Wie, Urmama?

Fr. v. Selbern (sie kopirend).

Wie, Urmama? Deine siebzigjährige Urmama hat fünfzehnjährige Augen, mein liebes Kind — und sieht sehr scharf! Uebrigens — ich habe nichts dagegen — (Gibt Paul lächelnd die Hand.) Mir gefällt er auch! —

Paul (jubelnd).

Himmlische Frau!

Jeanne (ebenso).

Meine gute Urmama! Du hast wirklich sehr gute Augen!

Fr. v. Selbern.

Glaub's! — Aber damit ist noch nicht Alles abgethan. Ich werde nicht nein sagen — aber sie!

Jeanne.

Ich?

Fr. v. Selbern (komisch).

Ach! über Dein Glaubensbekenntniß bin ich vollständig im Klaren; — aber sie, Deine Mutter, meine erhabene Enkelin! — Ihre neueste Entdeckung besteht darin, daß sie herausfand, ihr Mann sei von adeliger Abkunft. —

Jeanne.

Urmama, ich will nicht, daß Du übel von meinem Mütterchen sprichst.

Fr. v. Selbern.

I schweig doch! Deine Mutter ist mein Augapfel — aber so lieb ich sie habe, bemerke ich doch — denn ich bemerke Alles — ich weiß Alles — ich kümmere mich um Alles, denn ich leide nicht an Migraine, Gott sei Dank! Wenn ich nicht überall auf dem Posten wäre — möchte ich wissen, wie hier die Wirthschaft ginge!—

Jeanne.

Also Du bemerktest?

Fr. v. Selbern.

Daß die Migraine Deine Mutter zu langweilen anfängt, und um eine kleine Abwechslung zu haben, will sie sich andere Schmerzen machen und die Familie jetzt a r i s t o k r a t i s ch fortpflanzen! Aus alten Papieren glaubt sie die Ueberzeugung erlangt zu haben, daß Dein Vater ein Abkömmling einer adeligen Familie von Bernold ist — und weil sie vor Freude hierüber ganz außer sich ist, glaubt sie, Du würdest auch glücklicher sein, wenn Du Dich zum Beispiel Baronin von Walden nennen könntest! — (Sie bemerkt, daß Jeanne traurig die Augen niederschlägt, resolut.) Sei ruhig, — ich bin da — werde schon! — Na, wenn nur der Kaffee stark ist! — (Geht an den Mitteltisch.)

Paul (leise zu Jeanne).

Sehen Sie, daß ich Grund hatte, mich zu fürchten. —

Jeanne (entschieden).

Nein, Sie haben k e i n e n Grund! —

Fr. v. Selbern (vorkommend).

Unter anderm, morgen gelegentlich meiner Entdeckungsreise nach neuen Dienstboten muß ich mich auch nach einer Klavierlehrerin für Dich umsehen, Jeanne, denn (zu Paul) ich habe ihrem bisherigen Meister auch den Laufpaß gegeben. So ein Musiklehrer bei einem jungen Mädchen — paßt mir nicht. — Das drängt sich immer an seine Schülerin heran — da werden die Finger gerichtet und die Arme gestellt, der Takt auf der Schulter geschlagen, und mitten unter all' diesen B's und Kreuz's und Abagio's könnten sich so ein paar Variationen einmischen, die gerade nicht in meine Harmonielehre passen! Na — werbe Dir eine Lehrerin besorgen — die wird Dir das Klaviertrommeln schon auch beibringen! — Aber nun wollen wir Kaffee trinken.

Fünfte Szene.

Vorige. Der Baron, Julie (am Arme führend). Stettenheim, Bernold, Hector, Gäste.
(Alle bilden eine Gruppe, theils sitzend um den runden Tisch, wo sie Kaffee trinken, theils stehend.)

Bernold (zu Stettenheim).

Nein, nein! Glauben Sie ja nicht, daß die Advokaten so ganz in der Prosa des Lebens versinken. Wir haben mitunter Clienten, die den Werther's und Romeo's um kein Haar nachstehen. (Lächelnd zum Baron.) Sie gehören zwar nicht in diese Kategorie, Herr Baron?

Baron (lacht).

Gott sei Dank!

Stettenheim (dumm).

Hehe! Ich auch nicht!

Bernold.

Wir sind davon überzeugt. (Setzt sich.) Aber Andere! — Sehen Sie, wir Advokaten bringen oft tiefer in die Geheimnisse der Familien, als selbst ein Beichtvater; — wir sind die wahren Aerzte ihrer Interessen; wir haben in unsern Pulten oft mehr Romane auf dem Lager, als mancher Buchhändler! Haha! — Man behauptet, es gehöre viel Mühe dazu, bis ein Schriftsteller ein Drama oder ein Lustspiel fertig bringt. Ich versichere Sie, wir Advokaten haben manchmal viel mehr Arbeit, um einen Ehekontrakt oder ein Testament zu Stande zu bringen. — Wenn so ein Dichter sich nicht mehr zu helfen weiß, ruft er im fünften Akt einige kleine Todesfälle zu Hilfe, oder Abellard heiratet Heloise, die Geschichte löst sich in allgemeines Wohlgefallen auf und die Arbeit ist fertig. Bei uns Advokaten geht das nicht so leicht, da ist der Tod oft nur der Prolog zu einem Drama, das über einem Sarge erst seine traurige Entwicklung findet — und wenn wir Abellard mit Heloisen verheiraten — — — da geht die Komödie erst an! —

Jeanne.

Willst Du Kaffee, Papa? —

Bernold (nimmt eine Tasse).

Gib' mein Kind!

Baron.

Bei Sanct Hubertus, Bernold, Sie sprechen wie ein Buch!

Jeanne (reicht Kaffee herum).

Und Papa, der also so viele Geheimnisse weiß, erzählt uns nie etwas! Warte nur, ich will einmal unvorhergesehen —

Bernold (lächelnd).

Daß Du Dich nicht unterstehst. Die Tochter eines Advokaten muß die Diskretion als erste Tugend üben.

Jeanne.

Ja, Papa! —

Fr. v. Selbern (resolut).

Aber Deine Meinung kannst Du immerhin ungenirt sagen.

Jeanne.

Ja, Urmama.

Julie.

Ohne die Dehors zu verletzen.

Jeanne.

Ja Mama.

Baron.

Folge stets Deinen Eltern —

Jeanne.

Ja, Pathe Baron!

Baron (lächelnd fortfahrend).

Aber — auch der Urgroßmutter —

Fr. v. Selbern (bei Seite).

Hauptsächlich!

Baron (wie vorher).

Und dann wird man Dir bald eine hübsche kleine Ausstattung anfertigen lassen und dazu — (Blickt auf Hector.) Stettenheim.

Eine Puppe schenken! (Lacht dumm.) Hehe!

Jeanne (dreht ihm schmollend den Rücken).

Ich wollte lieber — —

Fr. v. Seldern (leise, resolut an ihr vorübergehend).

Wirst ihn schon kriegen!

Baron (ärgerlich zu Julie).

Dieser Stettenheim besitzt eine Dummheit, mit der man Häuser einrennen könnte! — Weshalb zieht ihn Bernold immer zu seinen Diners! Solch' eine Gesellschaft ist nach Tische ungesund — stört jede behagliche Verdauung! —

Julie (leise).

Sie müssen das nicht übel nehmen, lieber Baron, er ist ein Jugendgespiele und der Banquier meines Mannes, — also — doch lassen wir ihn — Ach — ich habe wieder eine so gräßliche Migraine —

(Sie sprechen leise weiter.)

Fr. v. Seldern (hat sich unterdessen im Vordergrunde links zu schaffen gemacht, bei Seite).

Was habe ich denn da Alles in meiner Tasche? (Zieht nach und nach die Gegenstände aus derselben.) Meine Schlüssel — Rechnungen — Seide — Fingerhut — Blei — ein Stückchen Zucker — einen Nagel — ein Buch — was ist das für ein Buch? Ach richtig — da wollt ich ja fragen — aber Jeanne darf nicht dabei sein! (Laut.) Jeannettchen! Hole 'mal die Caraffe mit den Liqueur's!

Jeanne.

Gleich Urmama! (Will ab.)

Fr. v. Seldern.

So warte doch, kleiner Sprudelkopf — Du hast ja den Schrankschlüssel nicht!

Jeanne.

Richtig.

Fr. v. Seldern.

Da! (Sie gibt ihr den Schlüssel — spricht einige Worte leise mit Jeanne, die dann durch die Mitte abgeht.)

Baron.

Haha — Frau von Selbern — man muß Sie bewundern! Welche Gesundheit, welche jugendliche Beweglichkeit —

Fr. v. Selbern.

Mit 70 Jahren, nicht wahr?

Julie (lächelnd).

69 Jahre und 5 Monate.

Baron.

Die Coquette!

Fr. v. Selbern (entschieden).

Meine Herren! Wer von Ihnen hat denn heute dieses Buch im kleinen Salon liegen lassen — dieses unanständige Buch.

Bernold

Was?

Fr. v. Selbern (den Titel lesend).

„Moderne Frauen!"

Baron.

Pfui! werfen Sie dies Buch doch zum Fenster hinaus.

Paul (nimmt das Buch).

Also wieder ein neuer Auswuchs dieser schmutzigen Literatur? Man begnügt sich nicht mehr mit Komödien und Romanen; — Memoiren, Biographien schleudern diese Wesen jetzt schon in die Welt! Es ist eckelhaft!

Stettenheim (leise zu Julie).

Seit wann ist denn Ihr Adoptivsohn ein Tugendheld geworden? —

Paul (eine Seite aufschlagend).

Zum Beispiel diese „Hortense", welche einst so viel Aufsehen erregt haben soll — und die, wie es heißt — — (blickt auf den Baron.)

Baron.

Mich ruinirt hat? Ja — das ist wahr — die hat es verstanden. — Mein ganzes Vermögen ging in ihre Hände — (lächelnd) ohne daß ich es eigentlich merkte, bis — (ernst) es zu spät war! — Es war mein letzter leichtsinniger Streich — (lächelnd) denn später hatte ich nicht mehr die Mittel, welche zu begehen. — Aber sie war reizend — sie konnte Einem vollständig verhexen und eine unerschütterliche Treue hatte sie — — zur

Untrene! haha! (Zu Julie.) Doch Pardon, ich werde — — — shoking!

Stettenheim.

Arme Hortense — sie hatte ein **weiches** Herz.

Paul.

Ein Herz? Nennen Sie das ein Herz, das seine Pulsschläge nach Goldstücken — —

Bernold (stark und heftig ihn unterbrechend).

Paul! — (Pause, er nimmt Paul das Buch weg). Genug über das Capitel. — Wem gehört dies Buch?

Hector.

Mir! — Entschuldigen Sie meine Unvorsichtigkeit — bevor ich hieher kam, gab es mir ein Freund — in der Zerstreuung legte ich es in meinen Hut — —

Fr. v. Seldern.

Wo ich es gefunden habe.

Bernold.

Das kommt davon, daß Sie überall Ihre Augen haben müssen.

Julie (streckt die Hand nach dem Buche aus).

Ich bitte — — —

Baron (nimmt von Bernold das Buch und gibt es lächelnd Julien).

Haha! — die anständigen Frauen sind am neugierigsten — (Spricht einen Augenblick leise mit ihr weiter.)

Stettenheim (sich in die Brust werfend, zu Paul).

Uebrigens, mein Herr, haben Sie sich in einer Art und Weise über eine Dame geäußert — deren Andenken mir vielleicht die Verpflichtung auflegt, sie zu vertheidigen! —

Baron (stolz aufstehend, bei Seite).

Eitler Lügner!

Paul.

Fühlen Sie sich beleidigt? — Ich stehe zu Ihren Diensten!

Stettenheim (verblüfft).

Eh! — — (Paul dreht ihm den Rücken — Stettenheim geht zu Frau v. Seldern. Die Uhr am Camin schlägt 9 Uhr.)

Baron.

Neun Uhr! — Bei Sanct Hubertus, es wird spät — und mein Arzt steht sehr strenge auf: zwei Stunden Schlaf **vor**

Mitternacht! — (Zu Julie galant.) Das Scheiden thut weh, aber — erinnern Sie sich wenigstens in meiner Abwesenheit Ihres — — (Lächelnd ärgerlich auf Bernold deutend.) Ach, — so ein Ehemann, der immer da ist — — —

Bernold.

Ich mache die Augen zu! — (Der Baron küßt Julien galant die Hand.) So — jetzt mache ich sie wieder auf, um Sie zum Wagen zu geleiten.

Fr. v. Seldern (bei Seite).

Und den Kutscher zu bezahlen! Armer Baron — keinen Knopf Geld! —

Baron (zu Hector).

Du bleibst wohl noch? (Leise.) Jeanne ist bezaubernd — wenn ich an Deiner Stelle wäre — hätt' ich sie schon! — (Zu Paul.) Auf Wiedersehen, Cato der Zukunft! — (Zu Fr. v. Seldern.) Schöne Frau — verläumden Sie sich nicht, sie zählen dreißig Sommer, kaum einen Herbsttag mehr! — Sollten Sie wieder Lust bekommen, sich wieder zu verheiraten, so vergessen Sie nicht, daß ich das Wappen einer Baronin zu vergeben habe. — Haha! — Adieu meine Herren — kommen Sie, Bernold! (Mit Bernold durch die Mitte ab.)

Fr. v. Seldern (nach rechts deutend).

Der Whisttisch ist bereitet. — (Die Gäste gehen mit Stettenheim und Hector rechts ab.)

Paul (zu Fr. v. Seldern, die ebenfalls abgehen wollte).

Bleiben Sie, meine gnädige Beschützerin, gestatten Sie mir, mich in der Stunde der Gefahr unter die mächtige Protektion der Frauen zu stellen. —

Fr. v. Seldern.

Das ist das Vernünftigste, was die Männer überhaupt thun können. — (Sie nähert sich mit Paul dem Sopha links, auf welchem Julie liegt und in dem Buche blättert.)

Sechste Szene.

Julie, Paul, Fr. v. Seldern, dann Jeanne, zuletzt Bernold.

Paul (zu Julie).

Gnädige Frau — — (Er stockt).

Fr. v. Seldern (leise).

Courage, mein Junge — (zu Julie) Julie, — Paul hat Dir etwas mitzutheilen.

Paul (leise zu Fr. v. Seldern).

Ich will nämlich — —

Fr. v. Seldern (trocken).

Weiß schon, was du willst, fang' nur an! — (Sie macht sich rechts zu schaffen.)

Paul.

Gnädige Frau, Sie wissen, daß ich nur ein armes verlassenes Waisenkind bin, das Herrn Bernold anvertraut wurde, nebst einer nicht unbedeutenden Summe, dazu bestimmt, meine Erziehung zu ermöglichen und mein Glück in der Welt versuchen zu können.

Julie.

Das weiß ich, lieber Paul.

Fr. v. Seldern (leise zu Paul).

Weiter! — Ich bin da! —

Paul.

Herr Bernold gab mich in ein Pensionat. — Des Sonntags gingen meine Mitschüler zu ihren Familien, wo sollte ich hingehn? Herr Bernold erlaubte mir meine Festtage in seinem Hause zuzubringen und Sie — (auf beide Frauen deutend) Sie haben endlich eingewilligt, mich ganz hier aufzunehmen und machten dem Verlassenen diese Stätte so lieb und theuer, wie es — mein Vaterhaus mir gewesen wäre, mein Vaterhaus — — das ich nie gekannt habe! —

Julie.

Sie waren ein liebenswürdiges Kind, das man gern haben mußte, Sie sind ein liebenswürdiger Jüngling geworden, den man noch schätzen und lieben darf.

Fr. v. Seldern.

Ich hatte sieben Stück — Kinder nämlich! — Meine Enkel und Urenkel mitgerechnet, habe ich 38 erzogen! — Du warst mein 39tes! — Weiter! —

Paul (nachdem er ihr dankbar die Hand gedrückt).

Hier habe ich nicht mehr gelitten! Die Güte eines Jeden hat mein Herz mit so viel Dankbarkeit und Glück erfüllt, und mich fast vergessen lassen, daß ich eine Waise bin! — Hier lernte

ich — lieben! Sie, meine beiden Mütter — meine beiden Vor=
sehungen, Herrn Bernold, meinen zweiten Vater — — (Stockt.)
Fr. v. Selbern (resolut leise).
Weiter!
Paul.
Fräulein Jeanne — Anfangs liebte ich sie wie eine Schwe=
ster — dann — —
Fr. v. Selbern (ihn aufmunternd in die Seite stoßend).
Na! —
Paul.
Dann aber mit ganz andern Gefühlen und zu sehr, um
nicht endlich vor Sie hinzutreten und Sie zu fragen... ob Sie
auch wirklich meine Mutter werden wollen?
Fr. v. Selbern (etwas ernster).
Liebe Julie, ich glaube, daß Jeanne und Paul recht glück=
lich mit einander werden können. (Sie fühlt, daß man ihre linke Hand
küßt — sie blickt nieder — es ist Paul — hierauf wiederholt sich
dasselbe Spiel rechts, es ist Jeanne, welche bei den letzten Worten
schon leise eintrat und lauschend a tempo vorkam.)
Jeanne (leise).
Pst! — ich wollte dir nur sagen, daß du mir einen falschen
Schlüssel gabst.
Fr. v. Selbern (trocken).
Das geschah mit Absicht, mein Kind!
Jeanne (bei Seite).
So? Dann, glaube ich, ist jetzt der richtige Augenblick da,
um Papa herzuschicken. — (Rechts ab.)
Julie (sich langsam erhebend).
Lieber Paul — was Sie mir da sagen, überrascht mich
und ist so ernst, daß — — (Steht ganz auf und wirft das Buch in
den Fauteuil links vorne.)
Paul (leise zu Fr. v. Selbern).
Ich zittre! —
Fr. v. Selbern (ebenso).
Ich geh' ja nicht fort! —
Julie.
Sehen Sie, wäre mein Mann einfach Herr Bernold, würde
Ihre dunkle — ungekannte Abkunft vielleicht kein Hinderniß
sein. Aber ich habe die Gewißheit, daß wir bald Adel und Wap=

2*

pen führen werden, und wir können daher für unsere Tochter nur einen Mann wählen —

Bernold (der von rechts eintretend die letzten Worte hörte).

Der brav und rechtschaffen ist! — Was gibt's denn hier? Ihr macht alle so feierliche Mienen, Jeanne sagte mir, ich möchte gleich hieher kommen, es ginge etwas Wichtiges vor — —?

Fr. v. Selbern (erstaunt, lustig bei Seite).

Die Kleine?! — Hat ganz mein Temperament! —

Bernold.

Also was gibt's?

Fr. v. Selbern.

Es gibt, mein Alter, daß Paul Dein Schwiegersohn werden will.

Bernold (starr).

Paul?! —

Fr. v. Selbern.

Ja! — Ich bin für diese Partie und sage es ganz offen! — Deine Frau möchte wahrscheinlich einen gewissen Baron in der Familie haben —

Julie.

Ich gestehe es! —

Fr. v. Selbern.

Aber Du bist der Herr — du hältst die Balance! — Also steck sie ein, deine Balance und — entscheide! —

Bernold.

Bei Ihnen geht's schon wieder im Galopp! — (Zu Paul.) Paul, liebt Sie meine Tochter?

Paul (einfach, aber überzeugt).

Ja, Herr Bernold! —

Fr. v. Selbern.

Ich bestätige es! —

Bernold (erregt auf- und abgehend, bei Seite).

Meine Schuld ist's — meine Schuld! Man glaubt Alles zu errathen, Alles zu durchschauen, Alles vorherzusehen. — In unseren Geschäften, — ja! Was hat sich aber in unsern vier Mauern zuträgt, was so kommen muß — daran denkt man nicht, bis die Thatsachen uns die Augen öffnen und es zu spät ist! — (Laut.) Julie, — Großmutter — laßt mich einen Augenblick allein mit Paul! —

Fr. v. Seldern (stutzt).

He?! — (Zu Julie.) Na, komm, mein Kind —

Julie.

Aber —

Fr. v. Seldern.

Er ist der Herr! — er hat zu entscheiden! — (Will zu Bernold sprechen, besinnt sich aber.) Du bist der Herr — Du hältst die Balance — mache aber keine Dummheit! — (Ab mit Julie rechts.)

Siebente Szene.

Bernold, Paul.

Bernold.

Sie sagten mir, Paul, daß Jeanne Sie liebe. — Sind Sie dessen gewiß? —

Paul (herzlich).

Da ich Ihnen diese Eröffnung machte, Herr Bernold, so können Sie überzeugt sein, daß die Gefühle Ihrer Tochter mich dazu ermächtigten.

Bernold.

Ich kenne Sie, Paul! (Mit einem leisen Seufzer.) Ich hätte das vorhersehen sollen. (Nach einer kleinen Pause mit sichtlicher Ueberwindung.) Paul! Habe ich nicht stets für Sie gehandelt wie — — ein Freund?!

Paul (überströmend).

Edler Mann! Wie der beste, der väterlichste Freund!

Bernold.

Fühlen Sie, daß ich die mir übertragene Pflicht gewissenhaft zu Ende geführt habe?

Paul.

Wär' ich Ihr leiblicher Sohn, Sie hätten nicht mehr für mich thun können.

Bernold (sich zum Lächeln zwingend).

Und da ich nur Ihr . . . Advokat war — Ihr Anwalt, glauben Sie nicht, daß ich — als Gratifikation ein . . . Recht habe, — daß es mir erlaubt wäre, einen Dienst von Ihnen zu verlangen, — einen großen Dienst — vielleicht ein Opfer! —

Paul (erbebend).

Sprechen Sie!

Bernold.

Ihre Erziehung, über welche ich zu wachen hatte, ist längst beendigt, junger Freund, Sie besitzen ein kleines Vermögen Sie sind jetzt ein Mann, — Sie müssen mein Haus verlassen! —

Paul (starr).

Ah! (Er blickt trübselig um sich, und birgt sein Gesicht in den Händen. Pause.)

Bernold (erschüttert).

Paul! Ich weiß, was ich von Ihnen verlange! —

Paul (sich zur Ruhe zwingend).

Herr Bernold, — Sie sind in Ihrem Rechte, — Sie schulden mir nichts, ich danke Ihnen Alles! und mein Abschied von diesem Hause wird nur von Dankbarkeit und Segenswünschen erfüllt sein. — Sie verlangen es — ich werde gehen! — (Feierlich.) Aber vorher eine ernste Frage!

Bernold.

Welche?

Paul.

Habe ich noch — — — Eltern?!

Bernold (sehr verlegen).

Ich habe Ihnen schon öfters gesagt, daß ich Ihnen hierüber keine Auskunft geben darf.

Paul.

Aber weßhalb?! — Ich beschwöre Sie, sprechen Sie mit mir von meinen Eltern! (Kleine Pause.) Sind sie todt?

Bernold.

Es ist mir unmöglich Ihnen hierauf zu antworten! —

Paul.

Lassen Sie mich den Richter über diese Unmöglichkeit sein! Wo sind meine Eltern?

Bernold (bittend).

Paul, fragen Sie mich nicht! —

Paul (von nun an immer heftiger erregt).

Ich soll nicht nach meinen rechten Eltern fragen, in dem Augenblick, wo ich Diejenigen auf ewig verliere, die bis jetzt deren Stelle vertraten? Soll ich nirgends ein Asyl finden für mein armes, von Allen zurückgestoßenes Herz? Lassen Sie mich doch Jemand suchen — — der mich liebt, — da Sie mich ja nicht mehr lieben! — (Bernold faßt mitleidsvoll seine beiden Hände.) Habe ich noch einen Vater?

Bernold (sehr ernst, ihm traurig in's Auge blickend).

Nein! —

Paul.

Und meine Mutter? (Pause. — Bernold wendet sich angstvoll verlegen von ihm. Paul fährt auf, stark.) Sie lebt! Oh, sie lebt, ich fühl's — und Sie haben nicht den Muth, mir eine Unwahrheit zu sagen! — Meine Mutter lebt — (Mit tiefem Athemzuge, verklärt.) Ich habe eine Mutter! — (Rasch entschieden zu Bernold.) Ich will sie sehen! —

Bernold.

Paul, Sie haben mir ein Geheimniß entrissen — —

Paul.

Schweigen Sie — ich will meine Mutter sehen — — wo ist sie?

Bernold.

Ihre Mutter ist für Sie — — — todt! —

Paul.

Todt für mich?! — (Starr vor sich hin.) Wenn eine Mutter für ihr Kind todt ist, — für wen kann sie sonst noch leben? (Zu Bernold, zögernd). Liebt sie mich nicht?

Bernold (als ob er sagen wollte, daß sie ihn anbetet).

Oh! — — — Aber —

Paul (ihn krampfhaft bei der Hand fassend).

Ich bin die Frucht eines Fehltrittes!

Bernold (zögernd).

Ja! —

Paul (fährt sich mit der Hand über die Augen und sagt dann würdevoll und fest).

Ich habe mich an die Ansicht gewöhnt, daß in solchen Fällen der eigentlich Strafbare nur der Mann ist! — Da es aber dem Kinde nicht zukömmt, Richter über seine Eltern zu sein, so würde ich selbst meinen Vater noch in Ehren gehalten haben. Sie sagten mir, er sei todt. — (Glühend.) Meine Mutter aber bleibt mir; — meine Pflicht ist's, sie zu bedauern, sie zu lieben! — Ich will sie sehen — wo ist sie?! —

Bernold (immer verzweifelter).

Ich darf nicht antworten!

Paul.

Aber sie ist im Elend — verlassen —

Bernold (unwillkürlich).

Oh, das nicht! —

Paul.

Nicht? — weshalb also — — —

Bernold.

Ein strenges Verbot!

Paul.

Von wem?

Bernold.

Von Ihrer Mutter selbst! — (Große Pause.)

Paul.

Herr Bernold — Sie sagten mir, ich sei ein Mann geworden — behandeln Sie mich auch als solchen! — Sagen Sie mir die Wahrheit! Wie bitter sie auch sein mag — ich ziehe die Gewißheit jenen marternden Zweifeln vor, mit welchen Ihr Schweigen meine Seele vergiftet. — Meine Mutter hatte vielleicht eine angesehene Stellung, die Sie durch mein Erscheinen zu kompromittiren fürchten — sie ist — — — vielleicht verheiratet — nun denn, ich werde mich bescheiden, sie von Weitem nur zu sehen. — Oh, sagen Sie mir nur Ihren Namen, damit ich sie aufsuchen und in ihr Auge blicken könne. — Nicht wahr — sie ist verheiratet?

Bernold (in höchster Verlegenheit bebend).

Verheiratet — ja! —

Paul (donnernd).

Sie lügen!

Bernold.

Paul!

Paul.

Schwören Sie es bei dem Leben Ihres Kindes! — (Bernold wendet sich, sein Gesicht in den Händen verbergend, ab.) Sie ist es nicht! — (In hastigem Nachdenken verloren.) Als Witwe wäre sie frei — und da sie ihren Sohn gewiß liebt — — Ach, welche Qualen foltern mein Herz, — Qualen, die ich nie gekannt, nie geahnt habe! — Zu wissen, daß seine Mutter lebt, daß sie uns liebt; — zu fühlen, daß man sie lieben möchte, — daß man sie schon von ganzer Seele liebt — — — und ihren

Namen nicht zu kennen, nicht zu wissen, wo sie ist — was sie ist — denn Sie sagen, sie sei nicht verlassen, nicht verheiratet, nicht Witwe — (Er ist in der fürchterlichsten Erregung einige Schritte nach links gegangen, sein Blick fällt auf das Buch), das Julie in den Fauteuil geworfen hat, er erfaßt es mit einem gellenden Schrei.) Ha! — (Tonlos.) Meine Mutter ist eine jener — — — Unglücklichen?! —

Bernold.

Nein! Nein!

Paul.

Nicht?! (Sich krampfhaft bezwingend, und ihn durchbohrend ansehend.) Sie haben Recht! Ich bin ein Wahnsinniger — aber Sie, Sie sind ehrenhaft, gut und unabhängig — Sie können in mir nur die verlassene Waise sehen, — Sie können mich nicht grundlos zurückstoßen, wenn ich Sie nochmals um die Hand Ihrer Tochter bitte. —

Bernold (schaudernd).

Niemals! —

Paul (aufschreiend).

Niemals?! — Jetzt haben Sie die nackte Wahrheit mir gezeigt — jetzt weiß ich Alles! — (Niedergeschmettert.) Ich, so stolz — so rechtlich, ich bin der Sohn einer — — — oh barmherziger Gott, welches Elend! — (Er sinkt vernichtet auf's Sopha links.)

Bernold.

Paul! Paul! — Sie sagten selbst, der Sohn dürfe nicht Richter sein über seine Eltern! —

Paul (aufstehend).

Und ich werde diesem Gebot nicht untreu werden! — (Thränenvoll.) Sie ist ja meine Mutter!! Sie hat nur mich allein mehr auf dieser Welt — ich will zu ihr! — Jetzt dürfen Sie mir ihren Namen nicht länger verschweigen. —

Bernold.

Doch! — Als sie mich beauftragte, über Sie zu wachen, und mir jenes Kapital anvertraute, das Ihre Zukunft sichern sollte, ließ Ihre Mutter mich einen heiligen Eid schwören, Ihnen nie ihren Namen zu verrathen, weder den, den sie jetzt trägt, noch ihren wirklichen. (Bemerkt Paul, welcher plötzlich fast wahnsinnig starr auf das Buch blickt.) Paul — was haben Sie?

Paul.

Heiland der Welt! — Welch' ein gräßlicher Gedanke peitscht plötzlich alles Blut durch meine Adern?! — Vor wenig Augenblicken, als von jener elenden Hortense die Rede war — geboten Sie mir Schweigen — — —

Bernold (entsetzt).

Paul! —

Paul (verzweifelnd fortfahrend).

Sie unterbrechen meine Lästerungen, weil — (aufschreiend) weil ich meine Mutter beschimpfte! — (Er sinkt mit aufgehobenen Händen in die Knie und läßt dann Arme und Kopf in den Fauteuil sinken.)

Bernold (erschüttert, sich ihm nähernd).

Paul! mein junger Freund! mein theurer Pflegling! ermannen Sie sich. — Sagen Sie nicht mehr, daß ich Sie zurückstoße — Sie bleiben bei uns — in einer Familie, die Sie liebt — die Sie achtet — erholen Sie sich — morgen wollen wir weiter sprechen. — (Bei Seite.) Ich muß verhindern, daß Jeanne ihn jetzt hier findet — (Laut.) Morgen — hoffen Sie — vertrauen Sie mir! — (Rasch rechts ab.)

Achte Szene.

Paul (allein).

Ich bin der Sohn eines entehrten, verachteten Weibes! — (Aufspringend.) Und mein Vater? Er soll todt sein? — (Dumpf.) Ob es auch wahr ist? — Und mein Vermögen! — Mein Vermögen? Oh Schande! Dein Vermögen? Elender! Gebührt der müßige Luxus, in dem Du aufwuchsest Dir, während so viele arme Kinder ehrlicher Mütter, arbeitsamer Väter darben und hungern? (Rasend.) Ich lebe von dem Sündengelde meiner Mutter!!! — Nichts ist mein! nicht das Kleid, das ich trage, nicht dies Brot, mit dem ich mich nähre — nicht die Erziehung, die ich genoß — nichts ist mein — gestohlen hab' ich Alles! — (Von einem Gedanken plötzlich erfaßt.) Gestohlen, ja! — Denn neben mir lebt ein Jüngling in tiefer Armuth, während ich von seinem Reichthum zehre! Hector! Meine Mutter war die Geliebte des Barons — er prahlte, daß sie ihn zu Grunde gerichtet! — (Schluchzend.) Mutter! Mutter: Hättest Du gebettelt für dein Kind — — — ich wäre jetzt reicher! — (Er erblickt die Blumen und greift nach der Rose in seinem Knopfloche.) Und Jeanne?! — (Sinkt in den Fauteuil am Blumentisch.) Verloren für mich auf ewig! — Oh, was leide ich — was leide ich für namenlose Qualen! — (Sein Arm lehnt am Blumentisch und stützt seinen Kopf; unwillkürlich schlürft er fiebernd den Blumenduft.) Ihr süßen Blumen! — Meine Jeanne wird Euch mir nicht mehr reichen, aber Euer Duft zieht wie barmherziger Hauch in meine Sinne — ein Balsam, lindernd für mein wundes Herz! Ihr blühendes Leben gießt neues Leben in meine Seele: **ich habe noch eine Mutter!**

Neunte Szene.

Paul. Stettenheim, dann Bernold. Hector. Julie. Fr. v. Selbern. Gäste, zuletzt Jeanne.

Stettenheim (ohne Paul zu bemerken, für sich). Ich muß mich mit dem jungen Heiligen wieder aussöhnen — denn ein Duell wäre nicht nach meinem Geschmack und so ein kleiner Hitzkopf ist alles im Stande, — sogar sich lächerlich zu machen. Ach, da ist er ja! (Laut.) Nun junger Freund, sind wir noch böse? Hehe! Das wäre wirklich nicht der Mühe werth! — Uebrigens hatten Sie ja eigentlich ganz Recht. — Es heißt ja, sie sei seit langer Zeit verschwunden mit einem russischen Grafen oder mit zweien — dreien — hehe, wer kann das wissen —

Paul (sich jetzt erst erholend).

Entschuldigen Sie, Herr Stettenheim, ich bin so zerstreut — von wem sprechen Sie?

Stettenheim (erstaunt).

Von wem? Ei, von wem anders als von jener Mamsell Hortense! — — —

Paul (aufschreiend).

Schweigen Sie!

Stettenheim (wie vorher).

Sie sind im Irrthum, Bester, ich bin ja jetzt ganz Ihrer Meinung. — (Verächtlich.) Diese Person ist —

Paul (stärker).

Schweigen Sie — oder Sie sterben von meiner Hand! —

Stettenheim.

Ich falle aus den Wolken — haben Sie sich plötzlich in Hortense verliebt!

Paul (auf ihn losspringend und ihn am Halse fassend). Mensch!

Bernold (eben auftretend, stürzt zwischen Beide). Paul!

Paul.

Dieser Elende wagt es —

Bernold.

Lassen Sie mich sprechen!

(Hector und die Uebrigen treten nach und nach ein.)

Stettenheim.

Der junge Mensch ist wahnsinnig geworden?! —

Hector.

Was gibt es denn?

Stettenheim.

Herr Paul, der vor einer halben Stunde nicht übel Lust hatte, mich zu fordern, weil ich jene Mamsell Hortense mit christlicher Nächstenliebe vertheidigte, macht jetzt Miene, mich zu erdrosseln, weil ich mein früheres Unrecht einsehe und seinem Verdammungsurtheil beistimme.

Hector (erstaunt, ruhig).

Paul, Du? —

Paul (fest).

Ja — ich —

Julie.

Ah — meine Herren — das übersteigt denn doch die Grenzen der Schicklichkeit und ich glaube, daß der Name einer solchen Frau schon zu oft in meinem Salon genannt wurde.

Hector.

Sie haben recht, gnädige Frau, und ich bedaure, die unschuldige Ursache zu sein, daß hier so lang und viel über eine solche Elende —

Paul.

Hector!

Hector (erstaunt).

Was denn? Bist Du verrückt? Wirfst Du Dich plötzlich zum Ehrenretter jener Kreaturen auf, die der Abschaum der menschlichen Gesellschaft sind — und suchst Du Dir zu Deinem Ritterdienst gerade Diejenige aus, die meinen Vater zum Bettler machte? —

Paul (kaum an sich haltend).

Die Männer, die sich zu Grunde richten lassen, haben keinen andern Zweck, als ostensibel zu Grunde zu gehen; sie vergeuden ihren Reichthum lieber in Schande und eitlem Glanz, als ihn zu etwas Ehrenhaften zu verwenden! — Es gäbe nicht so viel entehrte, verachtete Weiber in dieser Welt, wenn es nicht so viele ehrlose Prasser gäbe, die in den vornehmsten Kreisen eine Berühmtheit erlangen, nicht, weil sie dem Staate, ihrem Vaterlande nützten durch Dienste in Kunst und Wissenschaft, durch eine gewonnene Schlacht als Feldherr, durch segensreiche Institutionen als Staatsmann, nein — weil sie so und so lange eine moderne Maitresse gehabt und sich für sie ruinirt haben! —

Hector (wüthend und stolz).

Geht das auf meinen Vater? Mag eine Jugendthorheit immerhin die Schuld seines verarmten Alters sein, sein Name steht dennoch unbefleckt und makellos da, während der jenes Weibes, die sich an ihm bereichert hat, in den Koth gezerrt ist!

Paul (außer sich, auf ihn losstürzend und die Hand gegen ihn erhebend).

Elender! —

Alle (erschrocken).

Himmel!

Hector (hat beide Hände Paul's erfaßt und hält sie krampfhaft in den seinen, leise).

Ihre Hand hat mein Antlitz nicht berührt — aber die Bewegung Ihres Armes hat meiner Ehre einen Schlag versetzt — wir sprechen uns später!

Paul.

Gut!

(Sie trennen sich — Paul geht allein rechts an den Blumentisch — alle Uebrigen nehmen die linke Hälfte der Bühne ein.)

Julie (inmitten eines allgemeinen, leisen Gemurmels).

Welch' häßliche Szene —

Bernold (zu Julie).

Beruhige Dich, mein Kind —

Fr. v. Selbern (streng und stark, zu Paul).

Ich begreife Deinen Wahnsinn nicht, Paul; Hector's Betragen ist verzeihlich, er vertheidigte seinen Vater! —

     Paul (überströmend).

Und ich — — — meine Mutter!!!

(Er sinkt zusammen. Allgemeiner Aufschrei des Entsetzens. — Jeanne tritt in demselben Augenblicke durch die Mitte ein, Bernold stürzt ihr entgegen und hält sie ab, vorzukommen. — Gruppe.)

    Der Vorhang fällt.

Ende des ersten Aktes.

Zweiter Akt.

Ein kleiner Speisesalon beim Baron, Mittel- und Seitenthüren, rechts ein Speiseschrank; links ein kleiner runder Frühstücktisch mit einem großen Lehnstuhl. Sonstige Möbel, welche Reste früheren Reichthums zeigen.

Erste Szene.

Baron, Anselm.

(Anselm ist beschäftigt, ein frugales Frühstück aufzutragen, der Baron kommt von links, im Schlafrock.)

Baron.

Anselm, ist mein Sohn schon auf?

Anselm.

Oh, der war bereits ausgegangen, ich hörte ihn aber so eben wieder nach Hause kommen. — Das Frühstück ist servirt.

Baron (besieht den Tisch).

Eier — Butter — Brot — und Wasser! Hehe! Lucullus tractirt wieder! (Er setzt sich und frühstückt.)

Zweite Szene.

Vorige, Hector (von rechts).

Hektor.

Guten Morgen, lieber Vater! (Er küßt ihn auf die Stirne.)

Baron.

Guten Morgen, mein Sohn! Du bist ja heute sehr zärtlich. Willst du mit mir frühstücken? Eier — die sind jetzt an der Tagesordnung.

Anselm (bei Seite).

Und billig!

Hector.

Ich danke, ich habe auswärts gefrühstückt.

Baron.

Nun dann setze dich zu mir und erzähle. (Anselm bringt Hector einen Stuhl und geht ab. Dieser setzt sich dem Baron gegenüber.) Wie ging's gestern Abends? Hast du die Angelegenheit mit Jeanne ein Bischen mehr in Gang gebracht?

Hector.

Im Gegentheil.

Baron.

Was?

Hector.

Hören Sie mich, lieber Vater. Um meine Zukunft günstiger zu gestalten, wollten Sie mich überreden, eine reiche Heirat zu machen.

Baron.

Ueberreden? Könntest du denn etwas Klügeres thun?

Hector.

Klugheit macht nicht allein glücklich! Kurz, nach reiflicher Ueberlegung erkläre ich Ihnen, daß ich Ihren Wunsch, die Tochter ihres reichen Freundes Bernold zu heiraten, nicht erfüllen kann.

Baron.

Bist du toll? Ist Jeanne nicht ein reizendes Mädchen?

Hector.

Ich liebe eine Andere.

Baron.

Was genirt das! — Das heißt, ich wollte sagen — Ah — dummes Zeug! Welches Lärvchen hat dich denn so um allen gesunden Menschenverstand gebracht, eine so brillante Partie auszuschlagen?

Hector.

Ich liebe die Tochter Ihres alten, wenn auch armen Freundes Herrn von Meyen.

Baron.

Was? ein Mädchen ohne einen Heller Geld?

Hector.

Um seine Tochter reich zu machen, hat er sich zu Speculationen verleiten lassen, die ihn um sein ganzes Vermögen brachten — jetzt ernährt sie ihn durch ihrer Hände Arbeit.

Baron.

Meyen war ein Narr — was stürzte er sich in mühselige Geschäfte, die er nicht verstand?! Ich habe auch mein Vermögen verloren, ja — aber ich habe mich wenigstens dabei amüsirt — das heißt — Ah! die kannst du doch nicht heiraten.

Hector.

Ich werde arbeiten, es wird sich ja doch wohl endlich eine Anstellung für mich finden!

Baron.

Und sie liebt dich?

Hector.

Von ganzer Seele —

Baron.

Hol' Euch der Geier!

Hector.

Nie führe ich eine andere zum Altar — ich schwör's!

Baron (gleichgiltig, achselzuckend).

Bah! Du schwörst's!

Hector (vorwurfsvoll).

Vater! —

Baron.

Genug — genug! — Uff! Mir ist heiß — die dumme Geschichte hat mir warm gemacht! (Sie stehen auf.) Mein schöner Plan — mein langjähriger Wunsch! — Arbeiten will er — ein Baron von Walden — arbeiten! Sieh mich 'mal an. — Du grübelst zu viel und amüsirst dich zu wenig.

Hector (lächelnd).

Oh, ich amüsire mich ganz genügend.

Baron.

Du machst nicht genug Bewegung — bekommst dickes Blut.... und dadurch verrückte Ideen! Du mußt reiten — fechten —

Hector.

Sie wissen, Papa, daß ich diesen ritterlichen Uebungen, so

3

lieb sie mir wären, entsagen muß. — Das Reiten kostet Geld und auch der Fechtmeister —

Baron (stolz einfallend).

Der kostet Dich nichts, denn ich bin der beste Fechter —

Hector.

Ja, Sie haben mir aber erst eine einzige Lection gegeben, obwohl ich Sie oft genug bat, meiner Unkenntniß zu Hilfe zu kommen! — (Ernster.) Denn, wer weiß, ob ich nicht einmal genöthigt sein könnte, meine — Ihre Ehre zu vertheidigen — und — ich kann nicht einmal den Degen führen! —

Baron.

Bei Sanct Hubertus, Du hast recht, mein Junge — wir wollen unsere Fechtstunden jetzt wieder ordentlich aufnehmen.

Hector (rasch).

Sogleich, Vater — (Er eilt nach einem Schranke im Hintergrunde und holt zwei Rapiere.)

Baron.

Jetzt? gleich nach dem Frühstück?

Hector.

Warum nicht — das befördert die Verdauung.

Baron.

Nun, auch gut! Allons! En garde! — (Sie stellen sich in Position.) Langsam — langsam! Du mußt immer trachten, die Spitze des Rapieres auf das linke Auge des Gegners zu richten.

Hector.

Schön! (Sie fechten.)

Baron.

So! So! — (Sie halten inne.) Mein Sohn, du bist noch sehr schwach! — Ruhen wir uns ein Bischen aus! — (Er wischt sich die Stirn.) Sehr schwach! —

Hector.

Uebung macht den Meister — ich habe ja auch heute erst die zweite Lection —

Baron (leicht).

Und noch kein Duell, Gott sei Dank, sonst wärest Du eine Leiche! —

Hector.

Ach, Vater, der geschickteste Fechter kann auch unterliegen —

Baron (gleichgiltig).

O ja —

Hector (immer ernster mit einem Gedanken beschäftigt).

Ich weiß Jemanden, der recht unglücklich wäre, wenn mir ein Unfall zustieße.

Baron.

Dein Freund Paul!

Hector (zuckt leicht zusammen).

Jemand anderer noch mehr.

Baron.

Wer denn?

Hector.

Fräulein von Meyen.

Baron (sieht ihn an).

Ach ja! — Richtig! — (Gelangweilt.) Du bist heute sehr unterhaltend.

Hector.

Vater, Sie müssen mir etwas versprechen! Wenn einst ein Unglück geschähe, versöhnen Sie sich wieder mit Herrn von Meyen — er ist alt und kränklich — Sie werden hundert Jahre alt — schützen Sie Marie in liebevoller Erinnerung an mich!

Baron.

Ja, ja! — Du bist sehr langweilig.

Hector (dringend).

Sie versprechen es mir? —

Baron.

Geh zum Guckuck mit deinen Todtengräber=Ideen — En garde — (Sie stellen sich wieder zum Fechten.)

Anselm (durch die Mitte).

Fräulein Jeanne Bernold hält in einem Wagen vor der Hausthüre und läßt fragen, ob sie den Herrn Baron sprechen könne?

Baron.

Jeanne? Gott sei Dank, wenigstens ein angenehmes Desert nach einem miserablen Dejeuner. Ich erwarte sie. (Anselm ab.) Empfange sie einstweilen, Hector, ich muß rasch Toilette machen.

Hector.

Wegen Ihrer Pathe?

Baron.

Meine Pathe ist ein Frauenzimmer und das empfängt ein Gentleman nicht im Schlafrock; merk dir das, langweiliger Kopfhänger. — (Rasch links ab.)

Dritte Szene.
Hector, Jeanne, Anselm, dann der Baron.

Anselm (meldet).

Fräulein Bernold.

Jeanne (eintretend).

Pathe, Baron — — Ach, guten Morgen, Baron Hector, Ihr Herr Vater?

Hector.

Entschuldigen Sie ihn einen Augenblick, er wird gleich erscheinen! (Er läßt Jeanne niedersetzen und hebt das Rapier auf, das der Baron auf den Boden warf und giebt es mit dem seinigen Anselm, der damit abgeht.)

Jeanne (erschrocken).

Was ist das?

Hector (sich zum Lächeln zwingend).

Männer-Spielzeug! — In Ihrer Familie befindet sich Alles wohl?

Jeanne (sichtlich mit andern Gedanken beschäftigt).

O ja, ich danke. Papa arbeitet, Urmama ist bereits auf der Jagd nach Dienstleuten und einer Clavierlehrerin, Mama hat ihre gewöhnliche Migraine, es ist alles wohlauf! —

Hector.

Das freut mich!

Jeanne (wie oben).

Und ich bin gekommen meinem Herrn Pathen eine kleine Morgenvisite zu machen.

Hector.

Hier ist er! —

Baron (eintretend).

Guten Morgen, mein Püppchen — Du wirst alle Tage hübscher — und diese reizende Toilette! — für mich? — Danke! (Küßt sie auf die Stirne.)

Jeanne (rasch, leise).

Ich muß Sie allein sprechen.

Baron.

Hector — Du bist überflüssig — dieser Besuch gilt nur mir! — (Hector nach einer Begrüßung rechts ab.)

Vierte Szene.

Der Baron. Jeanne.

Jeanne (nachdem Hector abgegangen ist, hastig).

Herr Baron, Ihr Sohn hat heute Nachmittags 4 Uhr ein Duell! —

Baron (erbleichend).

Mein Sohn? — Ein Duell?! — (Sinkt auf den Stuhl.)

Jeanne.

So ist es! — Erholen Sie sich! Ich kam Sie von der Gefahr zu unterrichten, damit Sie ein Unglück verhüten!

Baron (aufstehend).

Mein Kind, das verstehst Du nicht — Hector ist ein Edelmann — und wenn er beleidigt wurde — — — Mit wem soll er sich denn schlagen?

Jeanne.

Gestern Abends wollte ich eben auf mein Zimmer gehen, da erinnerte ich mich, daß Urmama alle Dienstleute fortgeschickt hatte. Ich ging zu meinem Mütterchen, um Kammerjungferdienste bei ihr zu verrichten — — —

Baron (einfallend).

Faß' Dich kürzer, mein Kind, faß' Dich kürzer!

Jeanne.

Ja, Pathe Baron! — Mama war also ganz erschöpft! — Ach! welche Scene war das — sagte sie — ich fürchtete schon ein Duell.

Baron.

Aber wer? weßhalb?

Jeanne.

Ja, so fragte auch ich? „Wer? weßhalb?" Aber Mama antwortete — „das kümmert Dich nicht — übrigens ist Alles wieder gut — sie haben sich versöhnt — speisen Beide morgen bei uns! Nun, Abieu, geh' schlafen mein Kind — ich danke Dir — gute Nacht!"

Baron.

Nun also, Närrchen, wenn Alles wieder gut ist — — —

Jeanne.

So glaubten wir — und ich gestehe, ich schlief die Nacht auch ganz ruhig. Doch heute Morgen — —

Baron.

Heute Morgen —?

Jeanne.

Heute Morgen wollte ich zu Urmama, um ihr beim Ankleiden zu helfen — als ich an Papas Thüre vorüber kam, hörte ich eine Stimme — — (stockt) eine Stimme, die — — ich gar wohl kenne! — (erröthend) Pathe Baron, ich muß meine Schuld bekennen: ich blieb stehen und horchte! —

Baron.

Das war sehr gut, mein Kind, das muß man immer thun — das heißt nein, nein — Ach, nur weiter! —

Jeanne.

„Sie sind wahnsinnig," hörte ich meinen Vater sagen — „ich soll Ihr Sekundant sein, ich, gegen den Sohn meines besten Freundes? Niemals!" — „Aber" — antwortete die andere Stimme: „um 4 Uhr ist das Duell — wir müssen uns schlagen!" „So war Eure Versöhnung nur zum Schein?" frug Papa. — „Konnten Sie es anders erwarten, nach dem, was vorgefallen war?" erwiderte die — Stimme. „Wir mußten uns verstellen um der Andern willen!" Da seufzte Papa laut auf und sagte voll Kummer: „Aber Paul!"

Baron.

Paul? Mit seinem Freunde Paul will er sich schlagen?

Jeanne.

Schweigen Sie — Ihr Sohn ist dort und darf uns nicht hören! Ich wollte Sie nur rasch von der Gefahr unterrichten — Mama weiß nicht, daß ich hieher kam — sie hätte es mir vielleicht nicht erlaubt und Urmama ist schon seit frühem Morgen außer Haus —

Baron (ohne auf sie zu hören).

Aber der Grund dieses Duells — die Ursache?

Jeanne.

Weiß ich nicht! (Immer ängstlicher.) Aber Sie werden es verhindern, nicht wahr?! Bedenken Sie, der Eine ist Ihr Sohn — und der Andere — —

Baron (wie oben).

Und er kann nicht einmal fechten! — Er stirbt!

Jeanne (erschrickt).

Wer? (bei Seite, sich ans Herz fassend). Ach Gott! —

Baron (aufgeregt auf- und abgehend, während Jeanne sich erschöpft setzt).

Und meine Schuld ist's, wenn er sich nicht vertheidigen kann — ich bin ja sein Fechtmeister! Schöner Fechtmeister! Jetzt begreife ich seine früheren Reden und seine Hast, heute noch eine Lection — Ach! — Und wenn er wirklich mit heiler Haut davon kommt, bleibt er so unglücklich wie zuvor? Er liebt — ist ein armer Schlucker — den ich um sein ganzes Vermögen gebracht habe! Er schlägt sich — weßhalb? — für wen? Vielleicht für mich! Und was habe ich für ihn gethan? Und was kann ich in Zukunft für ihn thun — ich habe nichts — bin alt — das Alter ist zwar recht ehrwürdig aber — (Bleibt stehen, nach einer kleinen Pause.) Ja, zum Henker, was bin ich eigentlich für ein miserabler Vater! —

Anselm (meldet).

Herr Bernold und Herr Paul!

Baron (mit einem Hoffnungsausruf).

Die Beiden hier?! — Ah! Bernold wird schon alles ausgeglichen haben — ist ja ein Advokat! — Eintreten.

(Anselm ab).

Jeanne (ängstlich).

Pathe! — wenn mich Papa findet —

Fünfte Szene.

Vorige, Bernold, Paul, Anselm.

Bernold.

Jeanne?! Was machst Du hier, meine Tochter?

Jeanne.

Ach, Papa — vergib — ich wollte dem Pathe Baron eine kleine Morgenvisite machen und gehe direct wieder nach Hause! —

Bernold (Alles errathend, mitleidsvoll).

Du wußtest und — —

Jeanne (an seinem Halse weinend).

Papa! —

Bernold.

Baron, Sie erlauben. — Anselm bringen Sie meine Tochter zum Wagen! — Fahre nach Hause. (Küßt sie auf die Stirn.)

Jeanne (geht zögernd zum Baron, ihm die Hand reichend.)

Ich hoffe auf Sie!

Baron (halb verloren).

Ich hoffe auf Deinen Vater!

Jeanne (Paul die Hand reichend, hoffnungsvoll).

Auf Wiedersehen! (Mit Anselm durch die Mitte ab.)

Paul (niedergeschmettert bei Seite).

Niemals! —

Sechste Szene.

Der Baron, Bernold, Paul.

Baron.

Meine Herren — — —

Paul (ruhig und würdevoll).

Herr Baron! Schon oft — noch gestern Abend — sagten Sie, daß eine Frau Sie — — um Ihr Vermögen brachte.

Baron.

Ja! —

Paul (zu Bernold).

Sie hören es! — Dieses Vermögen, Herr Baron, hat das — Schicksal in meine Hände kommen lassen; Herr Bernold, unser gemeinschaftlicher Anwalt, hat dasselbe bis jetzt verwaltet — er ist von mir beauftragt, es Ihnen zurückzustellen! —

Baron (erstaunt).

Das versteh' ich nicht! —

Bernold.

Es belauft sich auf — — —

Paul.

Halt! — Ich hielt es bis heute für mein rechtmäßiges Eigenthum und glaubte dasselbe benützen zu dürfen. — Ich verpflichte mich — wenn es sein muß, mit meiner Hände Arbeit so lange zu erwerben, bis ich Ihnen auch die verbrauchten Zinsen werde zurückerstattet haben! —

Baron.

Ich wiederhole Ihnen: ich verstehe Sie nicht! — Wieso sind Sie mir etwas schuldig? — Wer sind Sie? und wie kommen Sie dazu, mir ein Vermögen zurückerstatten zu wollen, das ich für — — —

Paul (einfallend, fest).

Ich bin der Sohn jener Frau!

Baron (starr).

Sie?! —

Paul.

Ich!

Baron.

Hortense — (sich verbessernd) Louisen's Sohn?!! —

Paul (stolz).

Jetzt werden Sie mich verstehen! —

Baron (sich hoch aufrichtend).

Nein! — Denn Sie hätten vorher bedenken sollen — —

Paul.

Was?

Baron.

Daß ein Mann wie ich — gibt — und was er einmal gegeben hat, nicht mehr zurücknimmt! —

Paul (bitter).

Ein Mann wie Sie, Herr Baron, der also zu stolz ist, um zurückzunehmen, was er einmal gegeben hat, prahlt nicht stets mit seiner leichtsinnigen Großmuth, die man dann leicht für eitle Ostentation halten könnte — —

Bernold.

Paul! —

Paul.

Ein Mann, wie Sie, Herr Baron, besiegelt mit edlen Thaten den Adel seiner Gesinnung! Und edel wär' es, wenn Sie zurücknähmen, was mich beschimpft, denn hiedurch nur würde ein Mann wie Sie, Gerechtigkeit widerfahren lassen einem Mann wie ich! —

Baron.

Junger Mann, Sie zeigen da einen Charakter, der mich

mit Achtung und Liebe für Sie erfüllt! — Aber was Sie verlangen ist unmöglich — —

Bernold (sanft).

Herr Baron, wenn Sie überlegen wollten — —

Baron (stark).

Niemals, Herr Bernold! — (Zu Paul.) Brechen wir davon ab! —

Paul.

Gut! So erkläre ich Ihnen hiemit vor Herrn Bernold, daß ich es demselben zur Pflicht mache, jedesmal, wenn mein oder meiner Mutter Name vor ihm ausgesprochen wird, der Welt zu sagen, daß das Vermögen des Herrn Baron von Walden — — — den Armen gehört! —

Baron (mit leichter Ironie).

Oho! — Ich danke Ihnen im Namen der Armen — — und in meinem eigenen! — Genug von dem Kapitel! — (Bernold ängstlich anblickend). Kamen Sie nur in dieser Angelegenheit zu mir?

Bernold.

Sie wissen?

Baron.

Alles — mit Ausnahme der Ursache des Streites.

Paul.

Herr Baron, ich habe Sie beleidigt!

Baron (stolz, erzürnt).

Sie, junger Mann?

Paul.

Vor ihrem Sohne.

Baron.

Vor — — — (Bei Seite voll Zärtlichkeit und Schmerz.) Mein Kind!!! — (Laut.) Und weßhalb haben Sie mich beleidigt?

Paul.

Weil Ihr Sohn meine Mutter beschimpfte! —

Bernold (besänftigend).

Ohne Sie zu kennen! —

Baron (hastig zu Paul tretend).

Und deßhalb wollen Sie meinen Hector tödten?! —

Paul.

Vielleicht sterbe ich! —

Baron (nach einer kurzen Pause innern Kampfes erschöpft).

Paul! Sie verlangten vorhin, daß ich Gerechtigkeit widerfahren lasse **einem Mann wie Sie** — hören Sie mich — (stockt, leiser) mein Sohn kann den Degen nicht führen! —

Paul (zuckt zusammen, verächtlich).

Nun denn ——— so will ich ihm das Leben schenken! —

Baron (stolz auffahrend).

In unserer Familie hat es nie einen Feigling gegeben! — Mein Sohn kann sich nicht schlagen, aber — (Von einem Gedanken ergriffen, bei Seite.) Bei Sanct Hubertus! (laut) der Baron Hector hat vollkommen recht gehabt, Sie sind Hortensen's Sohn? Desto schlimmer für Sie, denn diese Frau —— —

Paul (ihn am Arm fassend und unterbrechend).

Halten Sie ein, Herr Baron! Ich errathe Ihre Absicht. — So rettet der Vater den Sohn nicht! — Als Hector gestern meine Mutter schmähte, wußte er nicht, daß ich ihr Sohn sei. — **Sie wissen**, was er nicht ahnte — hätten Sie den erbärmlichen Muth, den der Mutter angethanen Schimpf dem **Sohne in's Gesicht zu schleudern!** Oh, Herr Baron von Walden, **achten Sie sich selbst!**

Baron.

Ich wurde von Ihnen beleidigt — nicht Hector — ich verlange — Genugthuung. —

Paul.

Ich schlage mich mit keinem Greise! — Fragen Sie Ihren Sohn, was er zu thun geneigt ist! Adieu! (Rasch durch die Mitte ab.)

Siebente Szene.

Der Baron, Bernold.

Baron (in höchster Erregung).

Wenn Hector sich schlägt — ist er verloren, und schlägt er sich nicht, ist er entehrt! —

Bernold (hat unterdessen nachgedacht).

Es gibt ein Wesen, das Paul von dem unseligen Zweikampfe abhalten kann — seine Mutter!

Baron.

Hortense? — Aber wo ist sie? wo sie finden?

Bernold (hat eine Visitkarte hervorgezogen und gibt sie ihm rasch).
Hier!
        Baron (liest).
„Louise Winter, Clavierlehrerin." — Ha! — (Küßt Bernold leidenschaftlich auf die Stirne.)
        Bernold (mit Gefühl).
Sie küssen Ihren Sohn auf meine Stirne — Paul's Mutter dankt Ihnen in mir!
        (Beide links ab.)

        Verwandlung.

(Ein bescheidenes, einfaches Zimmer bei Louise Winter; kurze geschlossene Decoration, rechts zwei Seitenthüren; die rückwärtige bildet den allgemeinen Eingang. Links erste Coulisse ein Kamin, zweite Coulisse eine Thüre. — In der Mitte des Hintergrundes ein Fenster, durch welches man die Wipfel von Bäumen sieht. — Vor demselben ein kleines Arbeitstischchen mit Stühlen. Links vorne Sopha und Stühle. Rechts Tisch und zwei Fauteuils — an den Wänden keine Bilder, sondern hie und da kleine Bücherstellagen. Alles sehr reinlich, aber höchst einfach.)

        Babette.

Babette (allein, horcht an der ersten Thür rechts).
Kein Wörtchen kann man verstehen — der Doktor sagte mir, er wolle allein mit ihr sprechen — es stünde sehr schlimm. Ach Gott — was leidet die arme Frau! — Und dabei die Langweile in dem Hause! Im Grabe muß es lustiger sein! Keine Menschenseele kommt über die Schwelle, als ein Paar naseweise Gänschen zu ihren Lektionen — und den ganzen Tag dieses Geklimper! — (Es klingelt rechts.) Schon wieder eine neue Plage. (Oeffnet rechts, zweite Coulisse.)

Achte Szene.
        Fr. v. Seldern, Hektor, Babette.

        Fr. v. Seldern (geht gerade auf's Sopha zu).
Donnerwetter, sind das vier Treppen! Uff! da geht Einem ja der Athem aus. (Setzt sich.)

Babette.
Bitte Platz zu nehmen.
Fr. v. Seldern.
Ist schon geschehen! — Und das ganze Haus sieht so düster aus, als ob man in ein Kloster käme. — Frau Louise Winter?
Babette.
Wird gleich erscheinen, der Arzt ist bei ihr.
Fr. v. Seldern.
Der Arzt? ist sie krank?
Babette.
Herzkrank! Der Herr Doktor hat es mir gesagt und meint, da wäre nicht mehr zu helfen. —
Fr. v. Seldern.
Und dabei muß die arme Frau Unterricht geben und wohnt vier thurmhohe Treppen hoch! —
Babette (achselzuckend).
Ja, eben weil sie eine arme Frau ist. — Früher hatten wir eine bessere Wohnung — am letzten Zinstag kam aber der neue Hausherr, der das Haus gekauft hatte. — Madame erkannte in ihm einen ihrer früheren Diener — — —
Fr. v. Seldern.
Ah? komisch — ja das kann heutzutage vorkommen! —
Babette.
Da wollte sie durchaus nicht mehr dort wohnen bleiben und zog hieher, wo sie schon einst als junges, armes Mädchen wohnte.
Fr. v. Seldern.
Wegen der Jugenderinnerungen! ja, ja — die bleiben Einem immer werth! — Na — ich werde warten. — (Babette rechts erste Coulisse ab.) Und nun zu Ihnen, Hector, kommen Sie, setzen Sie sich! — Heraus mit der Sprache! Als ich Sie, zehn Schritte von hier, begegnete, wollten Sie Abschied von mir nehmen — und mit einer Miene, daß wohl etwas dahinter stecken muß; — d'rum ließ ich Sie nicht mehr los bis ich alles erfahren habe — beim Treppensteigen hatte ich keinen Athem zum fragen — aber jetzt haben wir Muße: was gibt's?!
Hector.
Ich werde wahrscheinlich verreisen — ich will Soldat werden! —

Fr. v. Selbern.
Soldat? — Armer Junge! — Und Ihr alter Vater? wollen Sie den allein lassen? —
Hector.
Du lieber Himmel, wovon sollen wir denn länger leben — und andere Hoffnungen, andere Wünsche, die auch an meiner Armuth scheitern! —
Fr. v. Selbern.
Verstehe — Herzensangelegenheiten. — Vertrauen Sie mir nur Alles an! Ich habe Sie gekannt, wie Sie noch so klein waren, habe oft Spielzeug und Zuckerwerk für Sie gekauft — vielleicht kann ich auch jetzt helfen! — Ich habe 39 Kinder erzogen — unsern Paul mit eingerechnet, wollen Sie mein vierzigster sein?
Hector.
Meine theure mütterliche Freundin, Sie sollen Alles erfahren, aber nicht hier — ich weiß ja noch gar nicht, bei wem wir sind. —

Neunte Szene.
Vorige, Louise Winter (von rechts erste Coulisse).

Louise (in einem einfachen schwarzen Seidenkleide).
Bei mir, mein Herr, Louise Winter. (Allgemeine Begrüßung.) Darf ich bitten Platz zu behalten. — Was verschafft mir das Vergnügen? (Sie setzt sich auf den Stuhl rechts von Fr. v. Selbern, diese sitzt am Sopha, Hector auf dem Stuhl links von ihr.)
Fr. v. Selbern.
Ich suche eine Clavierlehrerin für meine Enkelin, oder vielmehr für deren Tochter, denn ich bin schon Urgroßmama, obwohl ich noch ganz gut Ihre vier Treppen steigen kann — denn ich besorge Alles — für die ganze Familie. — Also — man hat Sie mir anempfohlen — —
Louise.
Sehr schmeichelhaft für mich — —
Fr. v. Selbern (sie immer fest ansehend).
Und da kam ich selbst, um — Sonderbar! Sie kommen mir so bekannt vor — sollten wir uns nicht bereits irgendwo gesehen haben?
Louise (eine kleine Unruhe bezwingend).
Ich glaube kaum, gnädige Frau! —

Fr. v. Selbern.

Doch! doch — ich weiß zwar nicht mehr wo — denn ich habe so viel in meinem Kopfe, daß ich mich nicht immer gleich auf Alles besinnen kann — aber, daß ich Sie bereits gesehen habe, darauf möcht ich schwören. Na gleichviel — kommen wir wieder auf den Zweck meines Hierseins zurück.

Louise (bei Seite).

Gott sei Dank! —

Fr. v. Selbern.

Wenn man Jemanden bei sich sehen und — gut aufnehmen will, so — das ist wenigstens meine Maxime — mache ich vorher gerne ein wenig Bekanntschaft mit der betreffenden Person und namentlich, wenn es sich um meine kleine Jeanne handelt — —

Louise (einfallend).

Sie haben vollkommen recht, gnädige Frau, man kann bei der Wahl der Lehrer für ein junges Mädchen nicht strenge genug sein.

Fr. v. Selbern (plötzlich).

Ha! — jetzt weiß ich, wo ich Sie gesehen habe!

Louise (leicht erschrocken).

Mich?

Fr. v. Selbern.

Das heißt nicht Sie, — Gott bewahre, — aber Ihre Doppelgängerin.

Louise (zögernd).

Wär' es möglich! —

Fr. v. Selbern.

Ja, ja, nun entsinne ich mich ganz genau — obwohl es schon ziemlich lange her ist. Es war im Theater — man gab den Propheten — im zweiten Akte tritt in die Loge neben uns eine Dame. — Das heißt, zuerst sah man nur ein riesenhaftes Bouquet — dann wurde ein lilienweißer schöner Arm, mit Armbändern von Perlen und Brillanten auf der Logenbrüstung sichtbar — aber wenn man sich ein wenig vorbeugte, so konnte man sehen, wem der Arm und die Braceleten gehörten. — Na, ich strecke natürlich den Kopf, so weit ich konnte, vor und — — die Aehnlichkeit ist wirklich ganz außerordentlich, nur sehen Sie nicht so heiter, so lebenslustig aus — Sie sind magerer — leidender —

     L o u i s e (unwillkürlich).

 Nicht wahr!

     H e c t o r (lächelnd).

Uebrigens, was wäre denn da gar so Merkwürdiges, wenn Frau Winter Ihre Nachbarin gewesen wäre?

     Fr. v. S e l b e r n.

Oh nein, lieber Hector, Sie wissen nicht, was Sie da sagen — diese Person wurde bald von allen Stutzern erkannt — ich glaube, es war nicht Einer da, der sie nicht verachtet hätte — und doch schien Jeder selig, ein Lächeln oder einen vertrauten Händegruß von ihr zu erhalten. — Ich bemerke Alles! — (Zu Louise.) Sie werden mir freilich sagen, die Männer sind so dumm — na! —

     L o u i s e (bei Seite).

 Welche Qual! —

     Fr. v. S e l b e r n.

Sie sind mir nicht böse wegen dieser Verwechslung?! —

     L o u i s e.

Wie sollt' ich! — Ich hörte schon oft von meiner Aehnlichkeit mit dieser ... Unglücklichen — so zwar, daß ich nähere Erkundigungen über sie einzog. — Sie ist todt.

     Fr. v. S e l b e r n.

 Todt?! —

     L o u i s e.

Ja; sie starb an ihrer Schönheit, an ihrem Leichtsinn — an alledem, um dessentwillen sie beneidet und verachtet ward! — Sie starb arm — einsam — verlassen —

     Fr. v. S e l b e r n.

 Arme Frau!

     H e c t o r.

 Sie bedauern sie?

     Fr. v. S e l b e r n.

Ja! — ich bin zur Einsicht gekommen — denn in meinem Alter kommt man über Vieles zur Einsicht — daß unser Gewissen für uns selbst tyrannisch — für unsere Nebenmenschen aber barmherzig sein soll! — Doch jetzt wieder zu unserem Musikunterricht.

Louise (bei Seite).

Gottlob!

Fr. v. Seldern.

Wie ich Ihnen also bereits sagte, handelt es sich um meine Urenkelin, ein junges, sechzehnjähriges Mädchen — — (rasch.) Haben Sie Kinder, Madame?

Louise.

Nein! Aber ich weiß — oh, ich fühle es ganz genau, was man hoffen, wünschen, verlangen muß für ein junges Mädchen, das man nur eine Stunde f r e m b e n H ä n d e n anvertraut. Ich weiß, wie man sie überwachen soll, diese zarten Keime kindlicher Unschuld, die ein giftiger Hauch zerstören kann; ich weiß, mit welch' eifersüchtiger Sorge man jedes Wort, jeden Blick, jeden Gedanken vermeiden soll, der einen trüben Schatten auf die reine jungfräuliche Stirne eines Mädchens werfen könnte! — Oh, vertrauen Sie mir ohne Furcht Ihr Kind an, gnädige Frau — ich liebe es bereits und eine ungeahnte Sehnsucht zieht mich zu ihm hin.

Hector (gerührt).

Ihre Schülerin wird Sie bald lieben lernen, Madame! —

Louise (sich immer mehr vergessend).

Ich hoffe es! — Aber nicht wahr, wenn ich ihr Zutrauen, ihre Liebe errungen werde haben, wenn mein Herz träumerischen Täuschungen sich hingibt, Sie werden mich nicht von ihr reißen, wenn ich sie in meine Arme fasse, um die Seligkeit zu genießen, ausrufen zu können: „Mein Kind! mein Kind! —"

Fr. v. Seldern (aufstehend, entschieden, aber gutmüthig).

Sie sind Mutter, liebe Frau, warum leugnen Sie es! Sie sind Mutter! —

Louise.

Nein! nein!! — — — Aber — ich würde Gott täglich danken, hätte er mir Mutterglück bescheert! —

Fr. v. Seldern.

Nun denn — ich bin zwar ökonomisch — man nennt mich sogar geizig — als Urgroßmutter kann man schon ein bischen knapp sein — aber mit einer Frau von I h r e n Gefühlen werde ich nicht knauserig um den Preis mäckeln! —

Louise.

Ich danke Ihnen, gnädige Frau! —

Fr. v. Selbern.
Abgemacht — morgen erwarten wir Sie! — Adieu – (Will gehen.)
Louise.
Aber — wohin? —
Fr. v. Selbern (umkehrend).
Richtig! — mein Kopf! — ja, ich habe so viel zu denken, daß ich die Hauptsache vergesse — zu Herrn Bernold — —
Louise (hastig).
Dem Advokaten?
Fr. v. Selbern.
Ja, — Sie kennen ihn?
Louise (niedergeschmettert).
Ich? — nein! —
Fr. v. Selbern.
Also auf morgen — (Holt ihren Sonnenschirm u. s. w.)
Louise (bei Seite).
Ich werde Paul dort sehen — ich werde ihn vielleicht sprechen können — doch Bernold wird es nicht gestatten! — Oh zu viel, zu viel! (Sie sinkt auf's Sopha.)
Fr. v. Selbern.
Mein Gott — was ist Ihnen? (Eilt zu ihr.)
Hector (ebenso).
Sie wird ohnmächtig! —
Fr. v. Selbern (zieht ein Riechfläschchen aus der Tasche).
Rasch — mein Riechfläschchen —, so! —
Louise (sich erholend).
Danke, danke! Entschuldigen Sie — es war nichts — mir ist schon besser — ich leide oft an solchen Anfällen — — — (Will aufstehen.)
Fr. v. Selbern.
Bleiben Sie — bleiben Sie — erholen Sie sich — und auf Morgen. (Begrüßung, sie wendet sich mit Hector zum Gehen und begegnet an der Thüre Paul.)

Zehnte Szene.

Vorige. **Paul** (hastig durch den allgemeinen Eingang).

Fr. v. Seldern (erstaunt).
Paul?!
Louise (einen Schrei unterdrückend).
Paul?! (Sie wendet sich, ihr Antlitz verbergend, ab.)
Hector (bei Seite).
Er hier?
Fr. v. Seldern.
Was führt Dich hieher?
Paul (fest).
Sie werden es später erfahren und — mit mir zufrieden sein! —
Fr. v. Seldern (etwas neugierig).
Geheimnisse? Vor mir? Hoffentlich werde ich sie bald er=
fahren! Komme nicht zu spät — Du weißt, daß man Euch
Beide (lächelnd) zur **Versöhnung** heute bei Tische erwartet
— Nun? Seid Ihr stumm?
Paul (ihm gezwungen die Hand reichend).
Guten Tag, Hector!
Hector (ebenso).
Guten Tag, Paul!
Fr. v. Seldern.
Also Abieu und auf Wiedersehen. (Mit Hector rechts, zweite Coulisse ab.)

Eilfte Szene.

Louise. Paul.

Paul (ohne sie zu sehen).
Wie einsam, und traurig ist hier Alles — fast ärm=
lich! Gott sei Dank! — Aber sie — wo ist sie? — (Er
wendet sich um und erblickt Louise, welche mit ausgestreckten Armen
nun vor ihm steht; sie will sprechen, doch die Stimme versagt ihr so
wie ihm; — er eilt auf sie zu, sie sinkt halb ohnmächtig in seine
Arme und drückt, die Augen zum Himmel erhoben, einen Kuß auf seine

Stirne. Paul kniet hierauf vor ihr nieder und preßt ihre Hand an
seine Lippen).

Louise (legt segnend ihre Hände auf sein Haupt — und wendet sich
dann halb ab, die Augen vernichtet zu Boden schlagend).

Paul — Du weißt Alles?! —

Paul (zu ihren Füßen, mit ausbrechender Leidenschaft).

Nenne mich Dein Kind! (Mit unendlichem Gefühl.) Ich warte
auf diesen Namen, seit ich auf der Welt bin! — — —

Louise (aufjubelnd).

Mein Kind —

Paul (ebenso).

Mutter! —

Louise (ihn in ihre Arme schließend, voll Stolz und Würde).

Mein Sohn!

Paul (sie an seine Brust drückend, mit erhobenem Haupte, die
Augen wie zum inbrünstigsten Gebete schließend).

Ich habe eine Mutter! — (Große Pause.)

Louise (plötzlich träumerisch auffahrend).

Wie kommt's daß ich so plötzlich — in einem einzigen
Augenblick mehr Glück, mehr Seligkeit empfinde, als bisher in
meinem ganzen Leben! — (Schaudernd.) Soll ich denn schon
sterben?! —

Paul (seine Hand auf ihren Mund legend, voll Zartgefühl).

Was sprichst Du da!

Louise (diese Hand fassend und dieselbe leidenschaftlich küssend,
schluchzend).

Nicht wahr, Paul, jetzt — jetzt muß ich noch nicht sterben!!

Paul (sie umarmend).

Mutter! —

Louise (bebend einen Schritt von ihm tretend).

Paul — Du hast mich geküßt — hast Du mir auch ver=
geben? (Sie beugt vor ihm das Haupt und will in die Knie sinken.)

Paul (rasch sie auffangend, und sie so wie sich selbst hoch aufrichtend.)
Schweige! schweige! Du bist meine Mutter! Das ist Alles,
was ich weiß, was ich fühle, was ich will — Du bist meine
Mutter! — Du hast mir zu vergeben, daß ich Dich nicht
früher aufsuchte, Dich nicht früher fand. Aber jetzt habe ich
Dich, liebe Dich und bleibe bei Dir! Kein Wort — keine Erin=
nerung mehr! — Nichts ist wahr bis zu diesem Augenblicke!

Du hast hier gelebt arm und verlassen und der erste mütterliche
Kuß von Deinen Lippen hat mir jetzt erst das wahre Leben ge=
geben! Oh, nenne mich noch einmal Dein Kind — Deinen
Sohn! (Stolz.) Und um Dich zu lieben, Dir zu gehorchen, Dich
zu achten, zähle auf mich — Du bist meine Mutter! —

Louise (überströmend von Thränen und Glück.)

Oh — Gott ist gnädig! — (Erbebend.) Aber mein Glück
ist zu groß — es erschreckt mich — — —

Paul.

Erhole Dich, Mutter — komm' zu Dir! — (Er läßt sie
auf's Sopha setzen und kniet zu ihren Füßen nieder.)

Louise (ihre Hand auf sein Haupt legend).

Sonderbar, zum ersten Male höre ich Deine Stimme und
mir ist, als hätte ich sie stets gehört! — Doch nein! mich wun=
dert 's nicht — ebenso wenig, wie Deine Liebe — Deine himm=
lische Engelsgüte, Du bist ja mein Kind! — Oh sprich, sprich,
mein Paul! Erzähle mir von Deinem Leben, Deinen Hoffnungen,
Deiner Zukunft — sag', was Du willst, — daß ich nur die
Stimme meines Kindes höre!

Paul (erhebt sich).

Nun denn, Mutter, ich habe Dir manches zu sagen, was
uns Beide angeht. (Setzt sich zu ihr.) Zuerst, Mutter — — —
ich bin arm. — (Louise fährt auf, er hält sie zurück.) Ja, das Geld,
das Du Herrn Bernold gabst, um meine Zukunft zu sichern,
darf nicht mir gehören — und ich besitze es nicht mehr.
Ich habe jetzt sogar Schulden — denn Alles, was ich bis zum
heutigen Tage gebrauchte — will ich durch Arbeit wieder zurück=
erstatten. Mutter, Dein Sohn hofft — daß Du ihn verstehst!

Louise.

Du bist Herr! Doch jetzt, Paul, höre auch mich!
Dies arme zersetzte Herz soll offen vor Dir liegen! —
Die Welt verdammt mich — Du sollst **Mitleid** mit mir
haben! — Ich war jung — eine Waise — ich hatte
Talent zur Musik, — ich widmete mich der Bühne —
Ich lernte einen jungen Mann kennen, der mich unendlich
liebte — und ich — — — ich liebe ihn heute noch!
— — — Er bildete mein Talent aus und wir träumten
eine schöne Zukunft! — — Bald eröffneten sich günsti=
gere Aussichten — doch meine Jugend und Schönheit machte

ihn eifersüchtig, er wollte mich dem gefährlichen Treiben entziehen, sich eine Stelle suchen und mich heiraten. — Er war arm! Falsche Freunde umgarnten mich mit schlechten Rathschlägen, — malten die freie Zukunft mit goldenen, die bescheidene Armuth bei ihm mit düsteren Farben; reiche Wüstlinge lockten mich mit Perlen und Diamanten — ich ward geblendet — meine Jugend ward bethört — — — (tonlos) ich verließ ihn!!! — Bald sah ich ein, daß mein Talent zu gering war, um Carriere zu machen — ich verließ die Bühne! — Ach, wär' ich damals zu ihm zurückgekehrt — er hätte dem reuevollen Herzen verziehen, mit tausend Freuden hätt' ich für ihn ge a r b e i t e t — ge d i e n t! — — — Falsche Scham, wilder Trotz — blödsinnige Eitelkeit hielten mich von dem Schritte ab, an seiner Seite das entflohene Glück wieder zu erhaschen — — — und auf der andern Seite war der Abgrund!!! —

P a u l (vor sich hin).

Bethörte Jugend! —

L o u i s e (düster).

Bethörte Jugend, — — — die nur der Eitelkeit, dem Flitter folgt — — — und nicht bedenkt, daß, wenn der k u r z e Rausch verflogen, ein l a n g e s Leben tödtlicher Reue folgt! —

P a u l.

Genug! Du hast gelitten, Mutter — jetzt — liebe m i c h! — Ich bleibe bei Dir, will arbeiten und streben — und sobald es möglich ist, verlassen wir diese Stadt —

L o u i s e (aufjubelnd).

Ah! — (Nimmt seinen Kopf in ihre Hände und küßt ihn leidenschaftlich.) Wie dank' ich Dir! —

Zwölfte Szene.

Vorige. Babette.

B a b e t t e (von rechts, zweite Coulisse).

Madame, ein Herr wünscht Sie zu sprechen!

L o u i s e (während Paul sich der ersten Thür rechts nähert).

Hat er seinen Namen genannt?

B a b e t t e.

Ja, der Herr Baron von Walden.

Louise.
Ich empfange ihn nicht — niemals.

Dreizehnte Szene.

Vorige. Der Baron (durch den allgemeinen Eingang).

Baron (ohne Paul zu sehen).
Doch! — Heute wenigstens!
Louise (stolz).
Herr Baron!
Paul (bei Seite).
Er?! — (Rasch ab, erste Coulisse rechts.)
Baron (durch das Geräusch der Thüre aufmerksam gemacht, blickt nach derselben, Paul ist jedoch bereits verschwunden. Nach einem raschen Blick auf Louise bei Seite.)
Gott, wie verändert! — (Zu Babette.) Lassen Sie uns!
— (Babette ab, rechts zweite Coulisse.)

Vierzehnte Szene.

Louise. Der Baron.

Nun, meine liebe — gnädige Frau — nach langen Jahren sehen wir uns wieder — doch — wenn ich mich nicht irre, so versteckte sich dort Jemand?! —
Louise.
Verstecken? Nein! — Mein Sohn ist's, der Sie nicht sehen wollte.
Baron (sich zum Lächeln zwingend).
In diesem Augenblick — denn sonst haben wir uns sehr lieb — wir kennen uns und ich — — — schätze ihn hoch — (Bei Seite, nach rechts blickend.) Er ist da? Desto besser! So lange er hier ist, habe ich nichts zu fürchten. (Laut, nachdem er Louise einen Augenblick betrachtet hat.) Louise!
Louise (kalt).
Nennen Sie mich — —
Baron (mit einer achtungsvollen Verbeugung).
Meine Freundin! Sie gestatten mir diese Ansprache wohl! — Mein Besuch ist Ihnen peinlich? — Bald werden Sie mir für denselben Dank wissen! —

Louise.

Möglich, Herr Baron — wenn ich die Ursache desselben erfahren haben werde!

Baron.

Sogleich — doch vorerst: Sie geben Musikunterricht Louise! — Welch' ein Einfall?

Louise (mit Würde).

Ein Einfall, der mich ernährt! — Einige Jahre, nachdem Sie mich verlassen hatten — wurde ich krank! — Mit meiner Gesundheit schwand meine Jugend — meine Schönheit, die mich so wahnsinnig und strafbar machte! —

Baron.

Arme Hortense!

Louise.

Ich will nicht, daß man mich bedauere! — Was ich besaß, gab ich Herrn Bernold, um die Zukunft meines armen Kindes zu sichern; — ich erinnerte mich meines einstigen Talentes zur Musik — und davon lebe ich jetzt! —

Baron.

Arme Frau! —

Louise (stärker).

Ich will nicht, daß man mich bedauere! Verstehen Sie denn nicht? In diesen Mauern ist heute das Glück eingezogen, denn mein Sohn weilt in ihnen! Mein Kind kam zu seiner unglücklichen Mutter, ist noch hier — — — (vorwurfsvoll) was wollen Sie inmitten meines jungen Glückes?

Baron.

Ich komme — einem Weibe eine Gefahr zu entdecken, einem Weibe, dessen Muth ich jetzt kennen gelernt habe.

Louise (erschrickt).

Mir?

Baron.

Ich komme Ihnen zu sagen — daß — — — Ihr Sohn sich schlagen will!

Louise (erbebt).

Mein Kind?

Baron.

Heute noch — doch ist's noch Zeit, Alles zu retten! —

Louise (nach rechts fliehend).

Er ist noch hier, Gottlob! (Bleibt plötzlich stehen.) Kam er also nur hieher, um im Augenblicke der Gefahr seine Mutter zum ersten — — — und vielleicht zum letzten Male zu umarmen?! — — — (Den Baron mit durchbohrenden Blicken ansehend.) Aber wie kommt es Herr Baron, daß S i e mich zu warnen kommen; — weßhalb S i e?

Baron (verlegen).

Durft' ich es nicht wagen, ein Unglück zu verhüten?

Louise (bitter).

Sie? — Der Sie nur eitel — flatterhaft und — vergeßlich sein können?! — — (Hastig, durchdringend.) Weßhalb schlägt sich mein Sohn?

Baron.

Weil — — — man seine Mutter beleidigt hat. —

Louise (zuckt vernichtet zusammen, nach einer kleinen Pause, höhnisch).

Und d e s h a l b kommen S i e hieher?

Baron.

Ist es nicht natürlich — — —

Louise (stark).

Nein! — (Entschieden.) Mit wem schlägt sich mein Sohn?

Baron (losplatzend).

Bei Sanct Hubertus! Zum Geier mit allen Rücksichten! — Der Gegner Paul's ist — — der Baron Hector von Walden! —

Louise.

I h r S o h n?! — (Bei Seite, drohend gegen Himmel.) Das ist Gottesfinger! — (Laut.) Er ist's also, für den Sie zittern? —

Baron.

Nun denn — ja! — Ich bin leichtfertig, eitel — flatterhaft, vergeßlich — aber ich liebe meinen Hector — ich liebe ihn, wie ich nie geglaubt habe, daß ich je würde lieben können, und um dies Duell zu verhindern, kam ich hieher — um es verhindern würd' ich Alles thun, um mein Kind zu retten würde ich mich noch statt seiner schlagen und müßt ich Paul tödten!

Louise (mit einem gellenden Schrei).

Sie?! — (Sie stürzt auf ihn zu, erfaßt krampfhaft seine beiden Hände und blickt ihn einen Augenblick starr an — dann geht sie einen Schritt zurück und sagt außer sich.) Thu's! Tödte Paul — er ist Dein Sohn! —

Baron (nach einer Pause starr).

Er? — Paul? Mein Sohn? — (Sucht nach Worten — dann ungläubig lächelnd.) Ah — geh'n Sie doch! — (Stellt den Hut auf einen Stuhl — zieht sein Taschentuch — wischt sich die Stirne.) Wenn — wenn Paul mein Sohn wäre, hätten Sie mir es ja längst gesagt — — —

Louise (ernst und feierlich).

Ich sagte es Ihnen, Herr Baron, — ich sagte es Ihnen, als ich mich Mutter fühlte. — Damals antworteten Sie mir gerade mit denselben Worten, wie jetzt: „Ah, gehn Sie doch! —" (Zähneknirschend.) Sie mißachteten mich — Sie brauchten mir ja nicht zu glauben! (Sich hoch aufrichtend.) Dafür sollten Sie, ohne es zu ahnen, für Ihr Kind zum Bettler werden — und nie Vaterfreuden an ihm genießen!! —

Baron (dem die Stimme versagt).

Paul — mein Sohn?

Louise (die Hand zum Schwur feierlich erhebend).

Ich schwör's auf das Haupt meines Kindes! —

Baron (nach und nach zu sich kommend).

Aber dann sind ja Beide gerettet — ich brauche ihm ja nur zu sagen: Paul Du bist — —

Louise (seine Hand drückend).

Oh — — — Dank! —

Baron (will nach rechts).

Sogleich! —

Louise.

Nein — ich! — (Die Hände dankbar gegen Himmel erhebend.) Gerettet! — (Ruft.) Paul! — (Pause.) Paul! — (Oeffnet die Thüre — ängstlicher.) Paul! — (Sie blickt hinein — starr.) Er ist fort?! (Blickt den Baron voll Entsetzen an.) Er ist fort?! —

Fünfzehnte Szene.

Vorige. Babette (a tempo durch den allgemeinen Eingang).

Babette (einen Zettel in der Hand).

Jener junge Herr? Ja wohl — er ging so eben und gab mir diesen Zettel für Sie!

Louise (entreißt ihr das Papier und liest zitternd, während Babette rechts abgeht.)

„Mutter! Ich darf nicht länger säumen — ich darf nicht Abschied von Dir nehmen! Ich habe Dich wieder gefunden, geliebt und umarmt! Wenn Du mich nicht wieder siehst, vergib mir die neue Wunde, die ich Deinem armen Herzen schlage. Im Sterben noch segne ich meine Mutter!"

(Sie stürzt mit einem gellenden Schrei zu Boden.)

Baron (außer sich).

Kain erschlägt seinen Bruder Abel!!! — Zu ihnen! (Nimmt seinen Hut und eilt durch die Mitte ab.)

Louise (mit wilder Verzweiflung die geballten Fäuste gegen Himmel streckend).

Gott! ruf' mich doch endlich zu Dir! — (Sie stürzt ohnmächtig auf den Boden.)

Der Vorhang fällt.

Ende des zweiten Aktes.

Dritter Akt.

Dekoration des ersten Aktes.

Erste Szene.

Julie (mit geschlossenen Augen auf dem Sopha liegend), Frau v. Seldern (durch die Mitte eintretend).

Fr. v. Seldern.

Ah, da bist Du ja!

Julie (zusammenfahrend).

Ah!

Fr. v. Seldern.

Bist Du leidend!

Julie (seufzend).

Oh, eine schreckliche Migraine —

Fr. v. Seldern.

Und ich habe Dich aufgeweckt! Du schliefst! Hättest es sagen sollen! Ich glaubte Dich in Sorge um unser Diner. — Uebrigens Du kannst ganz ruhig sein! Haha! in der Küche brodelt und bratet Alles nach Herzenslust; — die neue Köchin, die ich im Auskunftsbureau traf, — zusammenpackte und gleich mit hieher nahm, scheint gar nicht so ungeschickt zu sein als sie aussieht. — Sie behauptet sogar, sehr fette Speisen mit sehr wenig Butter bereiten zu können; — und das ist die Hauptsache, denn — — (Bemerkt Julie, welche die Augen wieder geschlossen hat.) Ach, sie schläft schon wieder — na! gute Nacht, schlafe weiter! —

Julie.

Schlafen? Kann ich denn schlafen?

Fr. v. Seldern.

Aber, liebes Kind, was fehlt Dir denn eigentlich?

Julie (ungeduldig).

Was mir fehlt? . . .

Fr. v. Selbern (ruhig).
Deine Migraine — nun ja — kenn' ich! — Du wirst Hunger haben!
Julie (wie oben).
Aber ich esse ja nichts!
Fr. v. Selbern.
Eben drum! — Herrgott! was habe ich mein Lebelang zusammengegessen und deßhalb befinde ich mich auch so frisch und gesund! Ihr jungen Frauen lebt nur von Langweile und Migraine, und da soll der Mensch fett dabei werden! Na, ich werde Dir ein Täßchen Bouillon mit 'nem Ei bringen! gib acht, wie Dir da gleich besser werden wird! — Apropos — ich habe heute Briefe von meinem Gutsverwalter bekommen, mir scheint, dort geht Alles drunter und drüber — ich werde wohl selbst einmal nachsehen müssen — —
Julie.
Du willst uns verlassen?
Fr. v. Selbern.
Je nun — (bei Seite) Wenn ich nur erst die Geschichte mit Jeanne und Paul in Ordnung gebracht hätte! —

Zweite Szene.

Vorige, Jeanne, Louise (mit Hut und Shawl, durch die Mitte).

Jeanne.
Bitte, treten Sie nur hier ein! —
Fr. v. Selbern (grüßend).
Ah — Frau Winter! — Sie hier?
Louise (sich äußerlich zur Ruhe zwingend, doch sind in ihren Zügen Aufregung und Angst deutlich zu lesen).
Verzeihen Sie, gnädige Frau, ich weiß wohl, daß ich den Unterricht erst morgen beginnen sollte, — aber zufällig hier vorbeigehend, konnte ich dem Wunsche nicht widerstehen, meine neue Schülerin kennen zu lernen. — Sie vergeben mir, nicht wahr?!
Fr. v. Selbern.
J wie denn? — (Zu Julie.) Die neue Clavierlehrerin Jeanne's! —

Julie (sich halb erhebend.)

Entschuldigen Sie, ich bin sehr leidend! —

Fr. v. Seldern.

Wird Dir gleich besser werden — will Dir ein Täßchen Bouillon mit 'nem Ei besorgen! (Zu Louise.) Adieu, liebe Frau, ich bin gleich wieder bei Ihnen! (Durch die Mitte ab.)

Jeanne (hat sich Julien genähert).

Was fehlt Dir, Mama? (Spricht leise mit ihr weiter.)

Louise (sich ängstlich umsehend).

Er ist nicht hier! —

Julie.

Geh' — sprich mit Madame! —

Jeanne (geht zu Louise).

Ich erwartete Sie eigentlich auch erst morgen, aber es ist mir ganz recht, Sie heute schon kennen zu lernen; ich werde dann morgen bei der ersten Lection nicht gar so ängstlich sein, Sie werden nicht zu strenge sein, nicht wahr? Sie scheinen mir recht nachsichtig und gut. — Nun ich bin auch nicht böse, — aber traurig scheinen Sie. — Ach! ich bin heute auch, zum ersten Male in meinem Leben, traurig gestimmt! —

Louise (forschend).

Aengstlich wohl?!

Jeanne (ängstlich, rasch).

Sieht man mir das an?

Louise.

Ich bin wohl indiskret in einem Augenblick zu kommen — — wo Sie Jemanden erwarten — — denn Sie erwarten Jemanden — — nicht wahr?

Jeanne.

Ja!

Louise.

Jemand — der in Gefahr ist!

Jeanne (leise auf Julie zeigend).

Schweigen Sie! schweigen Sie!

Louise (bei Seite).

Sie zittert gleich mir! — Sie liebt einen von Beiden! —

Jeanne.

Aber woher wissen Sie — — wer sagte Ihnen? —

Louise.

Durch Zufall ... Herr von Walden und — Paul trafen sich bei mir ... und so erfuhr ich — — —

Jeanne.

Also hat weder der Baron noch mein Vater die Sache beilegen können?!

Louise.

Der Baron eilte die jungen Leute aufzusuchen — sie könnten schon längst hier sein. — — — Haben Sie keine Nachricht? —

Jeanne.

Nein! — Mama!

Louise (bei Seite).

Welchen von Beiden liebt Sie?

Julie.

Was, mein Kind?

Jeanne (verlegen).

Ist Niemand gekommen? Nicht ... Hector?

Julie.

Nein! —

Jeanne.

Auch — — Paul nicht?

Julie (steht auf).

Den sah ich auch nicht! — Apropos, Jeanne — wenn er kommt, sei freundlich mit ihm — Du darfst es — Du sollst es sogar. —

Jeanne.

Ja, Mama!

Julie.

Denn ich bin mit Deinem Vater nun übereingekommen — — — er soll Dein Gatte werden!

Jeanne (glücklich).

Ach, Mama!!! — Wie wird er Dich lieben, so wie ich Dich liebe — mein Paul!

Louise (ebenso bei Seite).

Ihn liebt sie!

Julie.

Paul? Wer spricht von dem? Der Baron Hector ist Dir bestimmt! —

Jeanne (weinend bei Seite).

Hector? —

Julie.

Aber ich kann nicht mehr — ich muß auf mein Zimmer — vergeben Sie, Madame ——— Jeanne wird Ihnen Gesellschaft leisten. (Links ab).

Dritte Szene.

Vorige, dann Bernold und Frau v. Selbern (durch die Mitte).

Louise (bei Seite).

Sie liebt meinen Sohn — ihr Herz schlägt mit dem meinen! —

Bernold (eintretend).

Also werden wir bald zu Tische gehen, desto besser — —

Fr. v. Selbern.

Aber wir müssen noch auf den Baron und die beiden Jungens warten. — Indessen stell' ich Dir hier die neue Clavierlehrerin Jeanne's vor, — Frau Winter.

Bernold (erschrocken sich gegen Louise wendend).

Wie?

Fr. v. Selbern.

Eine sehr achtungswerthe Dame — — —

Jeanne.

Die ich schon recht lieb habe — — (Will auf Louisen zu.)

Bernold (Jeanne zurückhaltend).

Verlaß uns! (Jeanne erstaunt, links ab.)

Vierte Szene.

Bernold, Fr. v. Selbern, Louise.

Fr. v. Selbern (stutzt).

Was bedeutet dies?

Bernold.

Fragen Sie sie selbst! —

Fr. v. Selbern (wendet sich gegen Louisen, welche ihr schluchzend zu Füßen fällt).

Was seh ich?! — Ich zittre zu errathen. — Diese Aehnlichkeit war keine Aehnlichkeit. — Diese Frau ist — — —

Bernold.

Hortense! —

Fr. v. Selbern (aufschreiend).

Paul's Mutter? —

Bernold.

Deren Sohn den Seelenfrieden meiner Tochter geraubt — die — Oh — sie bei mir — in meiner Familie — —?!

Fr. v. Selbern (nach einem langen Blick auf Louise, zu Bernold).

Mein Freund! ich habe bei Madame erfahren und — (fest) ich zweifle nicht daran — daß jene unglückliche Hortense **todt ist**! — Man muß den **Todten vergeben können**! — (Hebt Louise auf.)

Louise.

Lassen Sie ihn, gnädige Frau, lassen Sie ihn mich zurückstoßen — er ist im Recht — es ist vielleicht **seine Pflicht**! — (Zu Bernold, groß.) Aber Sie kommen zu spät — es ist kein Platz mehr in meinem Herzen für einen neuen Schmerz! — Ich habe Alles verloren — Jugend, Glück, meine Stellung in der bürgerlichen Gesellschaft — und nach glänzendem Schimmer und eitlem Flitter — habe ich das **Elend** kennen gelernt! — Ich habe einen Sohn! — Aus Achtung für ihn wollte ich verzichten ihn je an mein Herz zu drücken — dem Schönsten, Heiligsten wollt ich entsagen, dem Mutterglück! Ich wähnte mich gestraft genug — Gott wollt' es anders. Heute sehe ich mein Kind wieder. Ich sehe meinen Sohn, um ihn mit aller Seligkeit in meine Arme zu fassen! — Nur eine kurze Stunde sollt ich das Glück genießen! — Einen Augenblick gelebt in Jubel und Wonne, die ersten **reinen** Thränen kaum geweint — und alles Glück entflieht — ich werde mein Kind vielleicht nicht wieder sehen! — Er reißt sich aus meinen Armen, um — dem Tode zuzueilen! — War nun das Maß meines Leidens voll? Nein! Derjenige der mir die Nachricht bringt von der Gefahr, in welcher mein Sohn schwebt — ist Paul's Vater und **sein Sohn ist's**, der sich mit dem meinigen schlägt! —

Fr. v. Selbern und Bernold (starr).

Himmel! —

Louise.

Ja, in diesem Augenblick endet vielleicht ein Menschenleben — der Bruder mordet den Bruder! — Bin ich bestraft genug?!

Gibt es einen Teufel, der noch Gräßlicheres ersinnen kann, um ein Mutterherz zu zerfleischen?! — Doch! — Ich kam hieher, um Nachricht von meinem Sohne zu haben — Sie stoßen mich hinaus — und um zu erfahren, daß mein Kind eine Leiche ist — muß ich auf offener Straße harren und unter freiem Himmel, dann vor aller Welt zusammenbrechend, mein elendes Dasein aushauchen. (Sie bricht zusammen.)

Fr. v. Seldern (zu ihr eilend).

Sie stirbt — schnell einen Arzt!

Louise.

Nein — nein! (Sie rafft sich auf.) Mir hilft kein Arzt! — Den Tod im Herzen, gibt's kein Leben mehr! Wenn die l e tz t e Stunde da sein wird, will ich den w a h r e n Arzt mir rufen lassen — einen Priester!

Fr. v. Seldern.

Wir wollen hoffen, daß bis dahin noch lange Zeit ist! — Kranke Seelen gesunden oft leichter als kranke Körper! — Wahre Reue bringt manchmal wieder Frieden in die Seele!

Bernold.

Und das Gewissen?

Louise (erregt fast stolz).

Das Gewissen?! (Höhnisch.) Was nennen Sie Gewissen?! — Nachdem die Schlange uns zuerst umstrickt hat, sticht sie den gift'gen Stachel uns ins Herz, damit wir jammernd noch b e = r e u e n sollen, wozu das S c h i c k s a l uns getrieben? Nein! Reue ist das Elend der S c h w ä c h e, und meine Thränen um ein ver= pfuschtes Leben sind keine Reue — sondern eine Anklage gegen die Vorsehung!

Fr. v. Seldern.

Sie sind sehr krank, Madame — denn Sie sind irre an sich selbst! — Vor wenig Augenblicken noch erkannten Sie den P r i e s t e r als den wahren Arzt für Ihre Leiden und jetzt fre= veln Sie an Gott und seiner Allmacht?

Louise (birgt verzweifelt ihr Antlitz in ihren Händen).

Bernold (nicht zu strenge).

Es hat noch kein Mensch gefehlt ohne Bewußtsein!

Louise (poetisch).

Die Blume, die mit Bewußtsein ihr Haupt neigt, um sich pflücken zu lassen, die ihren Duft aushaucht, um den Kranz eines

Lebens zu verschönern, stirbt schön! (Wild verzweifelnd.) Aber die entblätterte Rose in den Staub geworfen, in den Schlamm getreten, stirbt einen tausendfachen Tod!

Bernold (warm).

Der Mensch ist selbst seines Schicksals Lenker — und wer sich selbst hilft, dem hilft Gott! Was wir werden, werden wir durch uns! Die große schöne Welt hat so viel Herrliches, so viel Erhabenes, das uns beglücken könnte, wenn wir den rechten Weg einschlagen und unser Herz, unsere Pflicht nur sprechen lassen! — Wer sich bethören läßt durch Glanz und Eitelkeit, wer sich verlocken läßt durch Schein und Sinne —

Louise (leidenschaftlich einfallend).

Mit dem hat Gott kein Mitleid? — (Verächtlich.) Weßhalb sollten es die Menschen haben! —

Fr. v. Seldern.

Still — es kommt Jemand! — (Sie eilt an die Mittelthüre.)

Louise (außer sich vor Angst, ohne sich umzuwenden).

Welcher von Beiden?! — (Sie klammert sich an den Fauteuil rechts.)

Fünfte Szene.

Vorige. Der Baron (verstört durch die Mitte).

Bernold (ihm entgegen).

Nun?

Baron.

Nun? — Ich hoffte sie hier zu finden. —

Bernold.

Niemand! —

Baron.

Ha! — (Er wankt nach dem Vordergrunde links.)

Louise.

Wie soll das enden!! —

Baron (Louise erblickend).

Sie hier? — Arme Frau — wo sollten Sie auch sonst sein! (Zu Frau v. Seldern.) Sie ist Pauls Mutter — sie zittert für ihn — ich zittere für Beide, denn — (leiser) Beide sind meine Söhne! Ja, ja! — Aber Hector, so edel, so gut — wenn ich ihn verlöre — Seit einer Stunde suche ich ihn überall, ich konnte ihn nicht finden! — Um 4 Uhr sollen sie sich schlagen — wie spät ist es? — (Sieht nach der Uhr.) Ich sehe gar nichts mehr! Ach Gott! ach Gott! — Seit heute Morgens bin ich um zehn Jahre älter geworden — (Sich bezwingend.) Uebrigens — ein Degenstich — bah! — ist ja nicht gleich tödtlich — nicht wahr, Frau von Seldern — man — man muß sich Raison machen! — Wie geht's Frau Bernold? Gut? Ja! — Wenn ich nur wüßte, wo sie finden? — hat man nicht geklingelt? —

Fr. v. Seldern (ihn besänftigend auf den Stuhl drückend).

Herr Baron!

Baron (zu Bernold, der zu ihm vorkommt).

Nicht! Ach, mein Freund, Sie sind glücklich, Sie! — Wie geht's Ihrer Frau? Gut? Ja! — Ach! wenn ich sie Beide jetzt da hätte Hector und Paul, Beide wieder lebend vor mir sähe — ich gäbe mein eigenes Leben darum hin — bei Gott! —

Fr. v. Seldern (tritt zu Louisen, die seit einigen Augenblicken mit gefalteten Händen aufgestanden ist, mitleidsvoll).

Madame! —

Louise (feierlich gedehnt, ohne umzublicken).

Lassen Sie mich beten! —

Baron.

Wo ist denn Jeanne? (weich) Sie liebte Paul! — Kommt noch Niemand? (Bernold verneint.) Oft sagten Sie mir, sie liebten sich wie Brüder — wenn ich jetzt daran denke — (Er weint.)

Bernold (horchend).

Schritte?!

Sechste Szene.

Vorige, Hector, Paul, dann Jeanne.

(Nach einer kurzen, ängstlich spannenden Pause fliegt die Mittelthüre auf — Paul und Hector erscheinen, sich umschlungen haltend auf der Schwelle und treten, die Szene mit einem Blicke überfliegend, rasch ein.)

Baron (aufschreiend).

Ha! — (er sinkt, die Arme gegen seine Söhne ausstreckend, auf den Stuhl links).

Louise (gleichzeitig).

Paul! (sinkt, ebenfalls die Arme gegen Paul ausstreckend, in die Knie. Hector stürzt dem Baron zu Füßen, Paul eilt zu seiner Mutter und hebt sie umarmend auf. Pause.)

Baron.

Bist du es wirklich?

Hector.

Mein Vater!

Baron.

Und — Paul? —

Paul (im Tone der Entschuldigung dem Baron die Hand reichend.)
Herr Baron!

Fr. v. Seldern (aufathmend).

Beide sind da! — Die Rechnung stimmt! —

Hector (zu Louisen).

Wir kommen von Ihnen, Madame, ich hatte Sie — — um Vergebung zu bitten! —

Baron (sich erholend, überströmend).

Beide! Ich habe Beide wieder!!! Aber wieso?

Hector.

Wir haben uns geschlagen, mein Vater! — (Der Baron erbebt.) Ja — aber — Sie haben mich gelehrt, daß man immer fest in's Auge seines Gegners blicken müsse. — Nun — unsere Blicke begegneten sich! — Doch, wenn man sich seit seiner Kindheit wie Brüder geliebt hat — kann man sich nicht hassen. — Einem geliebten Freunde in's Auge blicken, heißt sich erinnern und wieder lieben! — Wer denkt da an's vertheidigen — wer denkt da den Freund zu tödten! — Die Degen entsanken unseren Händen, „Vergib" tönte es von Beider Lippen und dieß Wort wiederholen wir auch hier vor Euch! (Deutet auf den Baron und Louisen.)

Baron.

Meine — Kinder — Ich habe Euch Beide gleich lieb und — Paul, nicht wahr Sie werden mich auch lieben wie — einen Vater! — (er umarmt Paul).

Louise (eilt, nachdem sie segnend ihre Arme gegen die Gruppe ausgestreckt, an die Mittelthür und will abgehen).

Fr. v. Seldern (dies bemerkend, ruft, auf die Fliehende deutend).

Paul!

(Paul stürzt zu seiner Mutter.)

Louise (ihn abwehrend).

Bleib! — (zu den Uebrigen) Ihr liebt ihn Alle! — Ihr könnt — Ihr wollt ihn glücklich machen, ich will und — werde länger kein Hinderniß sein! — Hortense ist todt (die Hand auf ihre schwer athmende Brust legend) Louise stirbt bald! — Lebt wohl! — (Sie streckt noch einmal ihre Arme Paul segnend entgegen.) Leb ewig wohl! — (Sie will ab.)

Jeanne (a tempo durch die Mitte eintretend).

Sie wollen uns schon verlassen, Madame? (sieht Paul.) Paul! Ah! — (Sie geht zu Bernold und birgt ihr Gesicht an seiner Brust.)

(Paul hält seine Mutter unschlüssig zurück.)

Bernold.

Herr Baron! Ich bin Familienvater — und was sich gegegenwärtig in meinem Hause zuträgt, übersteigt die gewöhnlichen Grenzen. Welches Ende soll dies Alles nehmen? Ich darf die Ruhe meiner Familie nicht länger stören lassen und die Ehre eines Jeden muß gewahrt werden!

Baron (sich aufrichtend).

Mein Freund! wenn ich Sie um die Hand Ihrer Tochter Jeanne für meinen Sohn, den Baron Hector von Walden, gebeten hätte, würden Sie mir dieselbe gewährt haben?

Bernold.

Ja, Herr Baron!

(Paul und Hector erschrecken.)

Baron (faßt beruhigend ihre Hände).

Ich danke Ihnen für den Werth, welchen Sie auf die Verbindung unserer beiden Familien legen, aber — (lächelnd entschuldigend) mein Sohn ist seit diesem Augenblicke der Bräutigam des Fräulein Marie von Metzen!

Hector (dem Baron die Hand küssend).

Mein Vater!

Baron.

Jedoch — jetzt werbe ich um Ihre Tochter für meinen zweiten Sohn, Paul von Walden, den ich als solchen hiemit anerkenne und die Ehre habe Ihnen hier vorzustellen! —

Hector.

Mein Bruder?

Paul.

Wie?

Baron.

Willigen Sie ein, mein Freund?

Bernold (ihm die Hand reichend).
Vom Herzen gern!

Jeanne.
Oh — mein Vater! —

Paul (starr zu Louise).
Mutter! was will er damit sagen? —

Louise.
Die Wahrheit! — Du hast mir gelobt mir zu gehorchen! Hier ist Deine Familie — hier ist Dein Glück! Ich werde bis zu meinem letzten Athemzuge für dasselbe beten! (Sie will ab.)

Fr. v. Seldern (sie zurückhaltend).
Einen Augenblick! — Kinder uff! die Geschichte hat mir warm gemacht — ich habe Euch eine Mittheilung zu machen. — Ich sehne mich nach meiner ländlichen Heimat, nach meinem kleinen Schlößchen mit dem großen Park, den schönen Wäldern und den frischen Wiesen. Wer mich besuchen will, wird mir willkommen sein.

Baron (Hector lächelnd bei der Hand fassend).
Sie sollen bald Besuch bekommen! —

Jeanne.
Urmama, auf sechs Monate jährlich, engagiren wir uns fest — (mit einem zärtlichen Blick auf Paul) und wenn es uns in dem schönen großen Park zu gut gefallen sollte — —

Fr. v. Seldern (lächelnd).
Na — hinausgeworfen wird bei mir Niemand! — Aber ich sehe schon, da werd ich immer viele, liebe Gäste haben — ich bin alt — will mich auch einmal ausruhen! Seit Jahren führ' ich Andern die Wirthschaft, jetzt soll's einmal wer Anderer bei mir versuchen! — Frau Winter! Die Landluft ist sehr gesund! — mein Gut ist weit von hier — wollen Sie mein kleines Hauswesen führen und Abends (mit gefühlvoller Beziehung) mit den Kindern Musik machen? —

Louise (stürzt zu ihren Füßen und küßt dankbar ihre Hand).
Oh, wie glücklich sind die **rechtschaffenen** Frauen! —

Fr. v. Seldern (ihre Hand auf Louisens Haupt legend).
Sie können Unglückliche noch **beglücken**! —

Gruppe.

Der Vorhang fällt.

Ende.